看见
问题

数学可以这样教

张 红◎著

?

教育科学出版社

·北京·

序

像一本"如何做好新时代小学数学教师"的教科书

孙晓天

我和张红老师是老朋友了，她在清华大学附属小学（简称"清华附小"）做教学主任的时候，我就参加过她组织的数学教研活动。后来她无论是做小学数学教材的分册主编，还是做数学教研员，直到担任一所学校的执行校长，都始终执着于数学教学研究。在一些我们共同出现的探讨数学教学问题的场合，虽然她已经是"重量级"的了，但我看到的她，仍然是最认真投入的人中的一个。所以当张老师约我为这本书写序时，即便没看到书的模样，也立刻应允，因为我想知道她这些年来的辛勤耕耘种出了什么品质的果实。

拿到厚厚的书稿时，因为不确定多长时间能读完，就先随手翻了翻，而这一翻，就一下子从头看到了尾。虽然阅读是浏览式的，中间也会有跳跃，但我总会在某些章节处慢下来，而且这种让我不由自主慢下来的段落越读越多。仔细品味，这些吸引我慢下来的文字，多与张红老师实践探索道路上的心路历程有关。她用清晰且带有画面感的文字，平和地叙述着是什么引起她对数学教学中问题意义的思考、问题在教学中为什么那么重要、教学中的问题应该从哪儿发生又要往哪个方向发展、教师预设的问题与学生心目中的问题有没有区别、生活中的真实情景与教材中的问题情境之间是什么关系……；另外像"找出牵一发而动全身的问题""好的活动任务是一节课的灵魂""为什么错的总是它"这样的内容，由不得你不驻足细细琢磨一番。统观全书，她围绕"问题"的娓娓道来，弥漫在小学数学教学的准备、设计、实施、评价以及学习心理等角角落落，而且都有课堂教学实例支撑。这样的内容和这样的表述方式，让我不由自主地生出一种代入感，沿着她的思路，在不知不觉中"慢下来"。

这种自然流露的"慢下来"，可以视为我对本书意义和价值的充分肯定。

是的，小学数学向来以追求"对、快、准"著称。很长时间里，哪怕课程改革已经进行了二十年，小学数学以"开门见山""直截了当""精讲多练"为标志的"高效教学"仍势头不减。搁在农业化或工业化时代，或者三十年前，像"对、快、准"这样的目标、"了解、知道、认识"这样的学习要求等"高效"方式可说是恰逢其时，确实大有用武之地。

今天，时代已经变了，我们所处的时代，最初是叫后工业化时代，后来又明确为第五次工业革命时代，现在都称之为信息时代。相信用不了多久，人类就会迈入人工智能和大数据时代。党的十九届五中全会已经明确提出，2035 年中国要全面建成社会主义现代化国家，进入世界创新型国家前列，那将是又一个新时代的开始。

教育培养的是未来的建设者，所以教育是一个必须走在时代前面的领域，或者至少不能落后于时代。发轫于 21 世纪初，并一直延续至今的数学课程改革，就是数学课程努力跟上信息时代步伐的重要行动。

信息时代教育的课程内容，是以"知识见识并重"为方向，以"智慧"或"理解、懂得"为目标，以引导学生主动学习为基本教学要求。由于"智慧"或"理解、懂得"等都是被动学习即单纯的灌输、训练无法达成的，所以，不是"对、快、准"本身重要与否，而是随着时代的更替，三十年前那些行之有效的"高效教学"手段会风光不再。如果硬要让它们派大用场，反倒容易与"题型教育""应试教育"的负面影响联系在一块儿了。

归根结底，是时代的进步，让"对、快、准"等目标和手段逐渐失去往日的光彩。这同时意味着，以"智慧"为目标的数学教学，节奏肯定不会是快，小学数学的教学节奏，要根据时代发展的需要逐渐慢下来了。

"究竟怎么慢下来？""在哪里慢下来？""从'对、快、准'溢出的教学能量向何处释放？""慢下来的工夫应该出什么'细活'？""数学教学到底有哪些新关注？"等问题，一下子都涌了出来。显然，比较普遍的情况是，目前人们对这些都还没太想清楚，即使有所尝试，看上去也多少还有些不得要领。

　　正因如此，张红老师的这本《看见问题：数学可以这样教》来得正是时候。她用"问题"这个关键词，建构起本书的主轴，依次揭示出到哪里去寻找那些"还没太想清楚，做起来还不得要领"的问题的答案。她从为什么要引导学生主动学习、问题与学生主动学习的关系、问题在教学中如何体现等多个方面，用数学教师熟悉的语言，进行了深入浅出的分析，比较详尽地介绍了其中蕴含的教学道理、教学设计的依据、教学策略的路径与实施，以及如何反思与讨论，等等，用理论分析及与之相配的教学实践创新探索回答了为什么要慢下来、在哪里慢下来、慢下来要出什么"细活"等问题，清晰地展示出这本书的改革意义与参考价值。这是一本称得上是"如何做好新时代小学数学教师"的教科书，值得认真一读。

　　最后还想说，我很欣赏张红老师书中的叙事方式，她没有用那些容易让人敬而远之的生僻教育概念，也没有像此类著作中常见的那样大段地引经据典，更没有什么耸人的人为编造和套话大话。她写出来的，都是自己亲身经历过的，所以给人以信手拈来的真实感，读起来有一种潺潺溪流向你流淌过来的感觉。这种叙事，我相信读者也会喜欢。当然，如果读者再读得慢一些，在适当的地方停下来想一想，相信也会和我一样，从中感受到那种教学研究与教学实践融为一体的氛围，汲取到对自己有益的教学营养。

（作者系中央民族大学理学院教授，国家教材委员会专家委员会委员，2022 年版义务教育数学课程标准修订组核心成员。）

目录

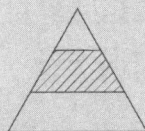

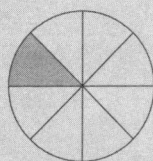

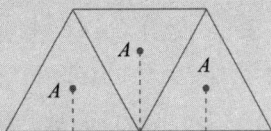

第三章

如何塑造基于问题的课堂

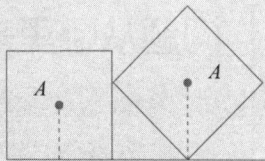

第四章

基于问题的教学实践

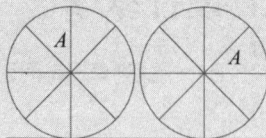

我为什么对问题情有独钟

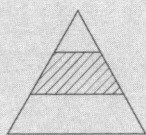

问题是我们的朋友，回避真正的问题是有成效的变革的敌人，因为我们必须面对这些问题并取得突破。

——迈克尔·富兰

我喜欢"问题"这个词，对它情有独钟。问题是需要研究和解决的矛盾或疑难，是理想状态与现实状态之间的差距，是联系已知与未知的桥梁和纽带。在认识事物的过程中，只有不断发现问题，分析、解决问题，我们的认识才能不断向前发展。

问题——我教学之初的敲门砖

工作第一年，作为一名小老师，和所有新教师一样，我总是把教案写得很长，每个环节该怎么提问、学生可能的回答都尽可能地写清楚。学生就这样跟着我提出的问题，亦步亦趋地走下来，课堂似乎像预设的一样顺顺利利。但时间久了，我开始怀疑，顺利的课堂是否就是富有学习成效的课堂？是否可以带给学生深度的思考抑或埋下长远发展的种子？在我的学生时代，心中总伴随着各种各样的问题，特别是小时候，总是有各种不知道和不明白的事。恰恰是小小心灵中的那些小"？"驱动着我不断地想，不停地做，养成了独立思考的习惯。那么，我们的学生也是这样的吗？看似顺顺利利的课堂，是学生心中的好课堂吗？认认真真写在教案上的问题，是学生心中的疑问吗？

经过反复琢磨，慢慢地我内心的许多疑问都聚焦在了这样一些问题上：学生面对某一数学内容时到底会有哪些想法？学习过程中会遇到什么困难？学习之后会不会生发新的想法？面对不同的内容应该采取什么办法让学生真正理解和接受？于是，我开始了为这些问题寻找答案的征程。

最初，我寄希望于师范学校的图书馆，但我的这些疑问不能从现成的书中找到答案；向学校领导和同事请教，向兄弟学校的优秀教师请教，可大家总是鼓励我，说我教得不错，我的这些问题都不是问题。

到处都找不到问题的答案，怎么办？思来想去，突然想明白了一件事情，问问学生不就清楚了吗？先从学生那里找到他们的问题，然后把学生的问题转化为教学问题，再以此为切入点设计教学活动，就能把学生"教"明白。之后的教学中，我常常先从自己拿不准的课或环节开始，请学生先自己看书，尝试不看答案自己试做练习，最重要的是在有困难的地方做个标记，第二天告诉我。有时自己在备课时有了不同的设想，会做两三个方案，课前找几个学生到办公室听取他们的意见，聊到兴奋处，学生还会有更好的主意出来。渐渐地，我和学生之间有了一个不成文的约定，每月我都会在最后一节课请学生提意见，学生的意见在我这儿成了宝贝，我把这些宝贝一一记到小本本上，反复琢磨思考，再在课堂上做改正。就这样，我教学所需的问题也就有了源源不断的来源。

后来有老师说，寻找学生的问题没那么简单，问学生问题，他们有的不愿意说，有的说不到"问题"的点上。我是怎样克服这些困难的？我这样能找准学生的问题吗？回想当年，我并没有把学生能否很好地回答我的问题，能否说清楚自己的问题和困惑，作为我的目标，而是通过与学生交流，自己去琢磨学生学习的困难可能在哪里，琢磨明白了，有时也会再次请学生帮我做一个判断。比如前面说的让学生在觉得不能完成的地方做标记，要是在同一个地方做标记的人比较多，我就知道多数学生在这个地方有障碍；有的题目学生做到一半做不下去了，这种情况就很容易判断——它就是学生的困难之处。如果没有这些情况，我就先推测一下学生可能在什么地方有问题，然后再问问学生，比如是列式有困难，还是在计算过程中有困难，问过三五个学生之后，大概心里也就有数了。对于"不愿说"的情况，比如有时会在课前征求学生意见，请大家谁有想法谁就说，有的学生就"憨憨"地坐在那里听，并不说话，我就会问问他们"你的想法和他们一样吗？你觉得他们说的怎么样？"，引导学生确认想法。

就这样，我通过寻找学生的问题，使自己的教学能在学生觉得困难的地方着力；用这种方式发现学生的问题，让我的教学之路有了方向，而且让我痴迷于此，对问题的探寻变得一发不可收拾。同事们都羡慕我，说我是少有的不给学生买糖学生还特别喜欢的老师。现在回想起来，那些看似"粗糙"、不那么严谨的做法，反而成了我开启教学之门的敲门砖。

直面问题，邂逅教学路上的新风景

到底要不要直面学生的问题，我也曾迷惘、纠结过。因为课程改革之前，对于课堂教学评判的一个重要标准，是教学过程顺利，学生对教师的提问对答如流。学生有明显困惑的课堂往往会被认为是课堂"事故"。在"没有困惑"的氛围下，很多课堂教学是漠视学生的，老师们有时是看不到学生问题的存在，而更多情况下是不愿意承认学生问题的存在。

当直面学生问题时，也会遇到一些新的"麻烦"。记得课程改革第一年，在一次大型的公开课上，我执教一年级的统计内容：调研学生最喜欢吃的水果是什么。教学活动是每人从四种水果中选一样最喜欢的，然后通过举手的方式，全班一起统计。在收集数据时发现，全班共有42个人，但统计的结果中总人数变成了45。面对这种情况，当时多数教师会回避或选择一带而过地赶紧远离"问题"。但是我觉得，这个数据不一致的"差错"，恰恰是值得我们抓住的关键问题。于是，我马上追问，明明是42个人，怎么变成45个人了？怎么会出现这样的结果？有学生说，让每人选一样最喜欢的，每人只能举一次手，如果有同学多举了，数据就不对了。当问是哪些同学不只举了一次手的时候，只有一个学生说她举了两次。这可怎么办？学生说，再来一次呗，大家一定要遵守规则。我们马上重新举了一次手。这节课因为这个环节花费了不少时间，后面的一些任务就没有完成。

对于我课堂上对问题的处理，当时多数人是质疑的、否定的，但是令我兴奋的是也听到了肯定的声音。当统计过程中数据不准确时，能让学生积极思考找出问题所在，并且舍得花时间重来一次，这正是统计中应有的科学严谨的态度。培养学生的求实精神和科学态度，也是统计教育的重要目标，这样的统计更有价值。虽然这份肯定的声音并不强大甚至是微弱的，但仍然坚定了我直面问题的决心。探究中自然会有问题和困惑，对待问题的态度肯定是要直面而不是回避的。此后，我的头脑中也少了更多的条条框框，课堂放开了，学生的思维更灵活、更深刻了。渐渐地，我开始将问题作为日常教学思考的常态。

研究问题，把问题当课题

刚开始做教学主任的时候，我经常发现课堂上会有一些不和谐的现象存在。教师课前精心的设计，课上积极的调动，换来的不是学生的热情互动，而是部分学生的无动于衷。学生学习状态不好，学习不主动，对学习没有激情，对知识没有更多的好奇和敬畏，原因到底在哪里？通过对学生课堂学习的观察及与教师、学生的交流，发现这其中原因很多，但最根本的一点是，教师对学生真实的学习状态了解不够，对学生真正的需要没有给予足够的关注。更让我担忧的是，在跟老师们交流的时候，大家对此多不以为然。我们也采访了部分学生，让他们说真心话，得到的反馈是"我知道的，老师都在教；我不知道的，老师一句话也没有说"。如果只关注教学内容，忽略学情，问题设计得再漂亮也只能是伪问题，或者是低效、无效问题。没有聚焦学生问题的课堂是迷惘的课堂。

从学生的实际情况出发，发现有价值的、能引发学生思考的问题，不是一件容易的事情。而发现问题也需要教师关注本学科的核心、本质，关注与本学科相关的其他知识，关注生活中的一些现象，关注学生的认知误区。问题从哪儿来？好问题是什么样的？如何聚焦问题？如何立足问题展开教学？这些都是我遇到和思考的问题。

为此，我开始了大胆的尝试，拟定了"基于问题的有效教学"的校本研究课题，试图引导教师以研究的态度看见问题，综合运用已具有的数学、教育心理学知识和教育教学经验，敏感地发现、提出并解决学生学习中遇到的困难和想研究的问题，使学生在知识技能、过程方法与情感态度价值观等方面得到全面和谐的发展。

我们的研究首先放在寻找小学生学习过程中会有哪些困难和认识的误区上，寻找和分析的同时也就解决了教师的一些教学困惑，比如如何准确判断学生的困难，如何通过问题的设计与实施帮助学生克服学习困难，等等。

每学期，我们都会选择一个单元进行研究。在期末放假前就确定研究内容，每个年级分担不同的课节，大家共同研究一节课，利用假期分工合作：

有的查资料，有的设计调研问卷，有的制作课件。开学后从对教材的深入剖析，到对学生学习困难的调查分析，再到教学策略的制定，我们都会反复思考与讨论，力求使上课更有针对性，能解决真正的问题。我们梳理出了"初读教材和学生""研究教材和学生""设计教学预案""课堂实践与反思"四个方面基于问题的教学策略。这样就形成了一个闭环。（见下图）

几轮研究下来，方向越来越明晰：我们的研究是针对课堂出现的浅表学习、低效学习提出的。如有的课堂学生缺少激情；有的课堂看起来一帆风顺，实则没有暴露出学生的问题，或者根本没有给学生暴露问题的机会；有的课堂学生会了，课后又不会了；等等。这些现象背后的原因可能比较复杂，但这其中很关键的一点是，我们没有找到影响学生学会、会学的因素。基于问题的课堂就是要找到这些影响因素，并且找到破解的方法。这些影响因素就是我们要研究的问题。

基于多年的研究与思考，我们提炼了"抓住"问题的三个"点"：一是学生的原始理解（包括既有经验和可能的思维路径），这是教学的起始点；二是学生的困难和认知误区（学生认知的障碍点、拐点），这是教学的着力点；三是学生的生长点（隐藏的待开发的提升点），这是教学的发展点。

找到学生的问题需要了解：

（1）学生的已知与未知：了解已有知识基础、方法基础、经验基础，对照教学目标，找到最近发展区。

（2）学生的能知与不能知：虽然不知道，但通过探索能够知道或不知道什么。了解学生的思维路径，找到分析问题、解决问题的思路和方法，明确解决问题的障碍点和拐点。

（3）学生怎么知与怎么不知：为什么能知道和为什么不能知道。

第（2）点和第（3）点帮助我们把握学生在学习的时候可能出现的思维轨迹，设计学习路线，选择合适的教学方法。

（4）学生的想知：学生想学习什么，喜欢什么内容和方式。了解学生的关注点和兴趣点，帮助教师设计情境和学习方式。

因此，"看见问题"的研究的特点就是，把寻找学生的问题作为教学的起点，把解决学生的问题作为教学的落脚点，把学生有无进步或发展作为教学有没有实效的唯一指标。将问题作为课题，我们的学生观、教学观都在悄然发生改变，这一点也是在做课题研究过程中的意外收获。

基于问题的教学研究，让我收获颇丰

在寻找学生问题的过程中我也收获了很多关于学生的知识，找到了一些规律性的东西，并且深深体会到，学生是对我们的教学决策最有影响的因素。

基于问题的教学研究，让我们看到学生的真实学情远比我们的预想要丰富得多，并且学生的想法有时更朴素，更接近本质。如下页图所示的北京市海淀区翠微小学张莹老师的调研显示，学生在没有学习用数对表示位置之前，已经意识到需要用两个要素来刻画平面上点的位置，并用自己的方式进行了表达，有的还标明了参照系。

基于问题的教学研究，让我们看到学生有时会发现教师之未曾发现之处，想教师之未曾想之处，给我们太多的启发。比如在做平行四边形面积的

① 队长在老师的西北方向。

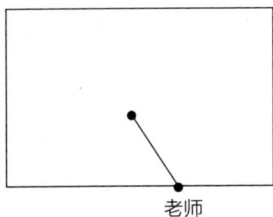

② 队长在方阵中心点偏左下方一点。

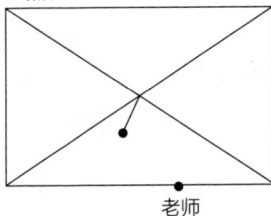

③ 队长在第3行。

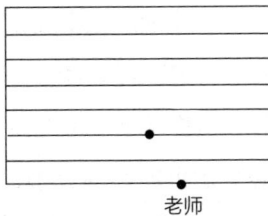

老师

老师

老师

④ 队长在第5列。

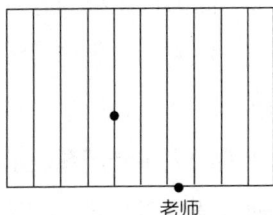

⑤ 队长在第5列第3行的交叉处。

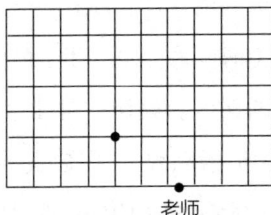

⑥ 队长在第5行第9列的交叉处。

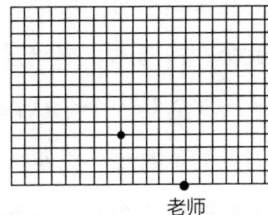

老师

老师

老师

调研时，学生将一个长方形框架拉成平行四边形，观察是什么影响了平行四边形面积的大小。有的学生就发现"拉动时，两条邻边不变，高越矮，高对着的角越小，面积就越小，最小可以小到两条相对的边重合在一起，高没了，角度没了，面积也没了"。这是一个非常有价值的发现，这个发现与中学学习的三角函数的知识直接相关。这样的例子一方面让我们体会到学生发现的问题会接近数学本质，应该让学生有机会发现问题，作为教师更应该为学生创造这样的机会；另一方面启发我们要跳出就事论事的教学，引导学生用联系的眼光看问题。

基于问题的教学研究，让我们对不同层次的学生有更深入的了解，帮我们找到因材施教的路径。我们有时苦于对后进学生的辅导低效或无效。那什么办法对他们有效呢？一个在教师心目中对数学"一窍不通"的学生在研究三角形三边关系时，借助吸管的拼摆，发现了三边关系；在面对"小明把 $23 \times (n+7)$ 写成 $23 \times n+7$，这样算对吗？请写出理由"这样对他颇有挑战性的题目时，写下了"这样做是错误的，$23 \times (n+7)$ 就是 23 套衣服，而 $23 \times n+7$ 是 23 件上衣，1 条裤子，足足少了 22 条裤子"。这不仅让我们看到直观材料、生活原型对学生的启发是很有力量的，也让我们看到了当学生有机会表达自己对问题的看法时，往往会出乎意料。

从学生的问题出发，循着学生的思路去设计和组织教学，你会发现"别有洞天"，慢慢地我对教学有了新的理解。盲目的教学，学生收获的只是"点线"的懂。就像教学"可能性大小"时，即便没有经过学习，几乎所有学生都能用分数表示可能性的大小，也能设计相关活动方案，但这只是"点线"的懂。如果仅仅满足于"点线"的懂，我们学生的"问题"就会越来越少，看问题就会越来越绝对，可能会不求甚解，不再试图深入思考，渐渐地思维的心灵也就会变得麻木。当给足学生时间和空间，我们会发现，原来那些表面"精彩"的背后是一个个认识上的误区。就像"可能性大小"教学，为让学生走出"点线"的懂，我鼓励学生追根溯源："用数表示可能性的大小和用数表示其他事物的大小有什么不同？为什么实验的结果和推理的结果不一致？既然我们预先不能知道确切结果，那么只知道可能性的大小有什么用？……"好的课堂，要见"点线"，更见"面体"。

基于问题的教学研究，让我和学生建立起非常亲密的师生关系。为了找准学生的问题，我会花费更多时间跟学生在一起。学生特别喜欢给我当参谋。有时，因为某些学生特别有想法，我会经常问他们。这时有的学生就会悄悄给我提意见，说"张老师偏心，干吗总叫他，不叫我"。后来，我就会随时记录叫了哪些学生来提醒自己，以免有的学生总不被叫到。

在不断地向学生"要问题"的过程中，我发现与学生共情、让学生尽情展现自己的想法，会让学生更喜欢数学，喜欢数学课堂，喜欢数学老师。为此，无论是课前、课中还是课后，我都努力做到"眼观六路""耳听八方"，努力去为学生提供有趣的情境，努力给他们更多的放飞想法的空间，努力去发现学生的问题和困惑并帮助解决。自从与学生有了共同找问题的亲密互动，我的课堂就变得灵动了很多。

对问题的探究改进了我的教育实践，也改变了我的思维方式，提升了我的精神境界和思维品质。做教学设计，我习惯于先找问题，力争做到教学设计有的放矢；写文章，我喜欢从问题出发寻找思维路径，使文章能带给人更多思考；做讲座，我善于从问题入手直至教师心灵，使分享能融在不同个体的生命历程中；做管理，我尽力分析并思考解决问题的方法，使团队成员对自我有深度的觉察与认知，并在此基础上进行自我绽放。对问题的探究让我对很多教育现象的感知更敏感，更容易发现问题所在。

对问题的探究，不仅慢慢地坚定了我的教学观——好课堂，从问题开始；也慢慢让我坚定了自己的学生观——学生是教师教育生涯中与自己关系最亲密的成长伙伴。教师要信任学生，也要信赖学生，敬畏学生。

敬畏意味着我们不仅要把学生当学生，还要把学生当导师。我们要循着学生的思路去设计和组织教学，要更加关注通过寻求证据找到设计的依据及路径。

敬畏意味着更大限度的欣赏，特别是在学生出现错误的想法时，我们首先要想到错得"有理"，要找他们错的"理"在何处。对学生的想法不仅要做对错判断，更要做价值判断。

敬畏意味着我们要为他们提供更好的服务。我们要把寻找学生的真问题作为教学的起点，把解决学生的真问题作为教学的落脚点，把学生有无进步或发展作为教学有没有实效的唯一指标。

问题像是一颗启明星，指引我前进的方向。学生时代，带着问题学习，让我的学习更有深度。做教师后，继续带着问题学习，让我的视野更加开阔。更重要的是，带着问题教学，让我找到了通向卓有成效的、以学生为中心的课堂的道路，让我从一位普通教师成长为特级教师，让我的教学有了自己的主张……

第一章

问题从哪里来

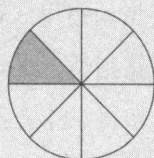

教学是由问题构成的，教学的一切都可以说是问题的衍生物，学生学习能力的形成就在于问题解决能力的形成。

——朱德全

当我们认识到问题探寻是成就课堂品质的重要起点之后，第一件要做的事情就是回答或者解决"问题从哪里来"。对此我也曾有很多困惑，有时也为找不到问题或找不准问题而纠结。但经过多年的思考与积累，发现只要我们有问题意识，再辅助一些探寻问题的方法，看见学生的问题也就没有那么难了。

问题是影响学生学会和会学的关键，当我们意识到这一点，再来想问题从哪里来时，答案就不言而喻了——问题应该从学生那里来，学生的想法、学生的作业、教师与学生的对话、学生与学生的对话，都能够让我们看见问题。时刻关注问题，其实就是时刻在关注学生。当然，除了在学生那儿找到问题的答案之外，读书也是重要的渠道之一。研读课程标准，研读教科书，研读教师用书，研读与学习内容相关的图书、杂志，是每位教师的必修课。

在探寻问题的过程中，也一定会遇到找不到或者找不准问题的时候。"没有"问题时，我们更应该走进学生，不断提醒自己时刻关注。有些时候，多年行走课堂的你也许会有一种直觉，它让你在不经意间想到学生的困惑可能是什么或不是什么。

教学，从寻找有价值的问题开始

——以"编码"为例

我们在日常教学中常常会有各种疑问，这些疑问有的可能对接下来的学习产生重要影响，有的则不然。这主要取决于教师对有价值的问题的理解和把握。什么是有价值的问题？有价值的问题是影响学生学会、会学且助力学生素养提升的问题。为此，我们要抓住那些让学生在有限的时间内获得学习的兴趣、经历丰富的体验、形成相应的能力、对未来的数学学习产生迁移力量的问题。

记得早在 2008 年，在一次教师研讨时，连续有三位教师跟我谈起"编码"一课带给他们的困惑：编码太多了，每种编码到底是什么意思？这样的内容让学生查查资料完全可以解决，还要上课干什么？这样的课信息量大又比较"碎"，很难上得深刻怎么办？

从上面的困惑不难看出，这些教师把"编码是什么"的知识点看作"编码"的核心内容，从这个角度，这节课似乎确实没有问题值得研究。但是这样定位是否合适呢？我们可以先从研读课程标准和教师用书的角度，来探寻一下这节课的价值。

一、关于这节课定位的思考

课程标准从数学课程的理念、目标、内容和实施建议等方面进行了全面的阐述与分析，是课堂教学最重要的指导性文件。虽然课程标准不会像教师用书那样对教学内容做细致的解读，但课程标准为教学提供了方向标。"编码"这节课安排在新世纪（北师大版）小学数学教材（简称"北师大版教材"）

四年级上册"数学好玩"板块的"综合与实践"部分。尽管"编码"一课看上去不像"综合与实践"领域的典型内容，但与其他具有明确"知识点"的内容又有不同之处。那么，我们不妨研读一下课程标准中对于"综合与实践"领域的一些描述，为这节课找准问题找到方向。

《义务教育数学课程标准（2011年版）》（简称"2011版课标"）中指出，"综合与实践"是一类以问题为载体、以学生自主参与为主的学习活动，综合与实践活动是培养应用意识的很好的载体。这里面"应用意识"有两个方面的含义：一方面，有意识地利用数学的概念、原理和方法解释现实世界中的现象，解决现实世界中的问题；另一方面，认识到现实生活中蕴含着大量与数量和图形有关的问题，这些问题可以抽象成数学问题，用数学的方法予以解决。[①]

课程标准对"综合与实践"的定位以及应用意识的内涵说明为这节课奠定了基调，也为这节课提供了不同的视角，我更加确定"编码"的重要价值不应该是单纯地查资料介绍编码知识，而应该从"以问题为载体""解释现实世界中的现象，解决现实世界中的问题""认识到现实生活中蕴含着大量与数量和图形有关的问题"的角度进行思考。

教师教学用书中也有一段说明可以引发我们的思考：在数字化的现代社会里，数是人们表示、交流和传达信息的重要手段。数的应用一般有两种情况：一是表示数量，具有大小并可以进行运算；二是表示编码，没有大小和运算功能。本节课是关于"数"的学习的第二种情况。在现实社会里，大到国际间军事情报、经济信息、科技动态的密码传递，中到电话号码、邮政编码、车牌号码、身份证号码，小到学号、房间号码等，虽然没有数量特征，但是却都可以用数字进行编码。可以说，数字以其方便简洁的表达形式被运用到了生活的方方面面。因此，教科书设计了"编码"的学习内容，鼓励学生从编码的角度，运用"数"表示日常生活中的一些事物，增强学生对"数"

---

① 中华人民共和国教育部. 义务教育数学课程标准：2011年版［M］. 北京：北京师范大学出版社，2001：5–7.

的应用意识，更深刻地理解数的意义，逐步建立数感。教师用书的编写说明呈现出"编码"这一内容的重要意义在于让学生了解编码的广泛应用，感受"数"在日常生活中的作用，感受数学的文化价值。[①]

在此基础上，我们还进一步查阅了一些文章，钟启泉教授在《综合实践活动课程的设计与实施》一文中谈到综合实践活动课程的设计有两个原则。"第一原则，凸显'生活世界'的价值。综合实践活动课程的根本特性就在于凸显'生活世界'的价值，因为'只有植根于"生活世界"，才能表现儿童的体验与交往，才能成为儿童自己的学习、活的学习，才能找到意义之源，才能不断促进儿童个性的生长、变化与发展'。""第二原则，寻求生活与学术的交融。新的课程改革旨在打破知识与经验的二元对立的状态。生活与学术的交融，应当成为综合实践活动课程设计的基本原则。"[②]

在研读课程标准、教师教学用书和相关文献的基础上，再对"编码"一课进行分析，我认为这节课除了介绍知识，还应该把教学问题聚焦在如何帮助学生理解方法、积累经验，如何激发学生的好奇心、求知欲，以及增长学生的"见识"上，这些才是这节课更有价值的追求。

那么，在理解编码的意义和结构特点，积累为需要而编码的活动经验的过程中，学生会有哪些问题，如何突破，才是本课教学设计中应重点思考的内容。选择了聚焦的问题之后，我也通过课堂实践见证了编码学习的意义和价值。

片段一　设计学号，感受编码的规则与要传达的信息有关

> 在与学生轻松地交流过数字组成的数、编成的号码代表不同的含义后，教师引入了下面的活动。

---

① 刘坚，孔企平，张丹. 义务教育教科书数学教师教学用书：四年级上册［M］. 北京：北京师范大学出版社，2014：223.

② 钟启泉. 综合实践活动课程的设计与实施［J］. 教育发展研究，2007(2A)：43-47.

师 ▶ 实际上现在你就有编码。有学号吗，孩子们？

生 ▶（异口同声地）有！

师 ▶ 大家都有名字了，为什么还要给你们编学号呀？

学生争先恐后地说着学号的好处。接下来，教师和大家就 5 号学生玉寒的学号问题进行了进一步的探讨。

师 ▶ 5 号同学叫玉寒。我们在咱们班一叫 5 号肯定就是他，如果在咱们年级呢，我叫 5 号……

生 ▶（七嘴八舌地）还是他。不对，有 6 个呢，那就不好区分了……

然后教师请学生给玉寒编一个在全年级用的学号，要求写在作业纸上，并用文字在旁边解释一下，让学生在写的过程中体会编码比文字叙述简洁。

很快，学生的方法出来了。

方法 1：615。

方法 2：6105。

方法 3：20020105。

学生没人编 105 这一学号，教师决定先让学生把想法说出来再顺势引导。

经过交流，大家很快达成共识，一致认同了方法 2，方法 1 被否定，方法 3 引起了大家的争论——

生 1 ▶ 看不出年级呀。

生 2 ▶ 藏着呢！知道入学时间，就可以算出来嘛。

生 3 ▶ 我觉得这样一大堆数字很麻烦，统一号码的话还是越短越好。

> **师** ▶ 有道理，数学特别追求简洁，在六年级范围内编号的话，用哪个号码就可以了？（学生纷纷表示用 105 就可以了。）

> **生 4** ▶（马上提出新的问题）那如果在全校呢？

> **生 5** ▶ 用 20020105。（下面很多学生支持，也有学生极力反对，认为麻烦。）

> **生 5** ▶ 我觉得不麻烦。如果像 6105 那样，每年都要换一次学号，是不是？（听明白的学生点头附和：确实。）而 20020105 就不用动了，一直放在那儿，表面上麻烦，其实并不麻烦。（还有人反对。）

> **生 6** ▶ 如果用 6105 的方法编号，每年都要改学号：一年级 1105、二年级 2105、……。而 20020105 只需要知道入学的年份就可以了。

> **师** ▶ 看来，我们编出的号码必须保证在一段时间内是稳定的。这样的编码在应用时才有效。

　　我们不可能也不需要把所有编码都认识完，因此体验的材料也不是越多越好。选择与学生生活密切相关的有代表性的学号、身份证号，更容易与学生的认知产生联结，生成学生感兴趣的问题。在对问题的研究中，学生体会了学号编排的特点是逐步缩小范围形成唯一，身份证号的特点是通过多角度描述事物形成唯一。在此基础上和学生一起寻找生活中的编码，使学生结合数字时代这一大背景体会编码的价值，心灵受到触动。这也是本节课聚焦的第二个重要问题，让学生带着更大的兴趣去进一步调查了解编码背后的故事，了解编码科学给社会、生活、经济带来的巨大贡献。

片段二　畅谈生活中的编码，丰富与深化学生对编码的认识

　　在经历了认识身份证号、了解身份证编码的结构含义之后，教师请 5 号学生玉寒站在教室前面。

师 ▶ 他是我们今天的主人公。下面我们帮他设想一下，在他的生活中可能会遇到哪些编码？大家能想到多少就说多少。

生1 ▶ 吃比萨等位的时候，就会给你一个编码。

生2 ▶ 以后你的电话号码、手机号码都是编码。

> 教师接着出示几个普通电话号码和特殊电话号码（114、120、119），让学生想这些号码为什么位数不一致，让学生体会号码会为需要而设。

生3 ▶ 去超市买东西，食品的包装袋上有条形码。（教师出示条形码课件。）

生4 ▶ 坐飞机或者火车时，上面的号码可以让你对号入座。

生5 ▶ 出去活动的时候，你会有一个活动代码。

生6 ▶ 你名字的拼音在26个字母里也有一个代码。

师 ▶ 其实在他家就有好多编码。

生 ▶ （众生马上随着说）他家的汽车有车牌号，生病有病例号，门上有门牌号，买的鸡蛋上也有号，据说全聚德每只烤鸭也都有一个编码……

师 ▶ 5号同学，你听了同学们的发言，有什么感想？

5号 ▶ 我觉得，生活中有非常多的号码。

师 ▶ 是呀，除了我们身边的，国际间的军事情报、经济信息等也都是用密码传递的。

师 ▶ 数字编码已经扩展到了各个领域，越来越广泛地被人们采用。如果没有这些编码，我们的生活会是什么样的？（慢慢地擦掉黑板上的号码。）

生7 ▶ 太可怕了。

生8 ▶ 如果找某个人就会满天下地找，大海捞针一样。

生9 ▶ 开车出去，如果停着两辆一样的汽车，没有车牌号码，你就不知道哪个是你的汽车。

生10 ▶ 社会就混乱了……

师 ▶ 美国麻省理工学院教授尼葛洛庞蒂曾写过一本书《数字化生存》，其中有这么一段话（屏幕出示）：信息技术的革命将把受制于键盘和显示器的计算机解放出来，使之成为我们能够与之交谈，与之一道旅行，能够抚摸甚至能够穿戴的对象。这些发展将变革我们的学习方式、工作方式、娱乐方式——一句话，我们的生活方式。

> 随之，学生静静地看教师一笔一画地在黑板上写下：数字决定我们的生存！学生沉浸在数字带给他们的震撼中，意犹未尽。
>
> 最后屏幕出示作业：选一种你喜欢的编码进行调查，试着分析它的意义和作用。

张丹教授评价这节课是"从'知识'到'见识'"的课，在这里学生不仅学到了知识，更长了见识——

见识之一：数字中表达着信息

简简单单的 0、1、2、3、4、5、6、7、8、9 十个数字，却能表达出丰富的信息。而为了使这种表达合理有效，数字排列就要有一定的规则。这是"编码"一课培养学生的一个最重要的见识。

而这种见识的增长不是依靠教师抽象的讲解，而是来自学生实实在在的问题探索。

在很多编码的教学中，老师们也设计了不少的活动和素材，但似乎学生总是体验不充分，老师的感觉就是这些活动缺乏"魂"，我想其中一个原因就是没有抓住核心的问题。问题其实不在于数量的多少，而在于对本身价值的挖掘。在这节课中，教师首先设计了"如何来给某位同学编号"的问题，并且围绕这一问题，设计层层递进的追问：在班里如何编号？在年级里如何编号？在学校里如何标号？在此基础上，教师又安排了探索身份证的问题情境。通过逐步递进的探索，学生将感受到数字确实能够表达很多的信息，如果要表达更多的信息，我们需要运用一列数字并将它们按照一定的规则排列。进一步地，如果要使编号合理，我们要保证按照这个规则使每一个人都要与编号一一对应；在表达了信息的前提下，编号规则要尽可能简洁；在一段时间内，编号要保持不变。而这些，都是学生在老师精心设计的问题中不断体会到的。

增长了这种见识之后，学生就会对数字产生一种亲切感，他们感觉数字是可以用来交流的，数字的排列是有意义的，数字是可以表达思想的。一列一列的数字将不再是枯燥的排列，那里面蕴含着丰富的信息。更重要的一点是，通过学生设计编码的活动，学生将感觉到这些信息是自己能够提取的，自己也能够尝试做一些事情，这无疑将使学生们非常愉悦，于是兴趣、自信心就自然产生了。这不由使我想起电视上曾热播的电视剧《暗算》中的一段故事，主人公的名字已记不清楚，但印在我脑海里的是男女主人公对破解数字密码的执着，他们已经把与数字打交道作为生命的一部分。当然，我们的学生没有必要也很难体会这种执着，但让他们体会到数字可以用来表达信息无疑是重要的。

见识之二：数字化改变着生活方式

尼葛洛庞蒂的名言无疑是有力的，数字化的社会"将变革我们的学习方式、工作方式、娱乐方式——一句话，我们的生活方式"。

如何让学生体会到数字化社会的力量呢，仅仅靠这个名言是不够的。于是，让学生感受到编码在日常生活中的广泛应用就变得重要起来。在很多的课堂中，这一内容往往是依靠老师列举一些实例来进行教学的，结果是学生感受不深，仍然觉得编码离自己比较遥远。而在"编码"这节课中，教师独具匠心，还是围绕着一个同学，提出了"帮他设想一下，在他的生活中可能会遇到哪些编码？"这个问题。在大家的互相补充中，学生们会发现生活中到处有编码，从上学到生活，从购物到娱乐，如果以数学的眼光仔细留意，就会发现很多。

这一活动看似简单，其实正蕴含着数学的文化价值：数学作用于社会，数学改变着人们对问题的看法、人们思考问题的方式甚至于人们的生活方式。目前，教师们越来越重视在课堂教学中渗透数学的文化价值，但往往还停留在对史实、人物、名言等的介绍，似乎把"文化"作为了课堂教学的调味品。要从简单的历史、人物、名言的介绍到使学生真正体会数学的文化价值，我想其中有两点是重要的。第一，要有学生感兴趣的问题；第二，要有学生对问题探究的体验。在这两方面，"编码"无疑做了有益的尝试。"长一分见识，增一分阅历"，学生的阅历多了，他们的心智就会越来越成熟。

回顾整个过程，我们结合教师的问题，在研读课程标准、教师教学用书和相关文献的基础上，再对"编码"一课进行分析，关注点从一开始的关注"编码"相关知识点的教学，到把问题聚焦在如何帮助学生理解方法，积累经验，激发好奇心、求知欲，增长见识上，逐渐找到了这节课的价值追求。视角变了，教学的定位也跟着发生了变化，学生对编码的认识也变得更多元、丰富和深刻。

挖掘调研数据背后隐藏的问题

——以"异分母分数加减法"为例

精准定位问题，一定也离不开对本校、本班学生的分析。无论是课程标准，还是教科书，它们都是面向全国一般水平，也可以说是中等水平学生而制定或编写的。但是我们学校和我们班的学生，可能跟这个一般水平不太一样，而且他们的生活环境和经验也会有着自身的特点。因此，我们就需要结合内容分析的结果，再来分析我们自己的学生。这就好比我们买衣服，如果衣服都是均码，买回来也能穿得进去，还能挡风避雨，但是它并不一定合身。同样，针对同一本教科书中的同一节课内容，不同班级的学生由于经验和基础等的不同，很可能他们的困惑点、发展点就不同，所以对这节课难点的定位或者问题探讨的时间安排等就有所不同。

学生是不断成长变化的，学生的学习过程也是非常复杂的，仅凭经验教学，很难满足学生学习的需要。要想提高教学的实效，就要从学生"学"的立场出发，深入了解学生，而了解学生的有效方法就是做学生调研。课前调研，可以帮助教师提前发现问题，找准教学的起点；课中调研，可以帮助教师针对发现的问题，有效地组织教学活动；课后调研，可以帮助教师进一步发现问题，持续改进。

最初我是凭直觉用相对原始的方法，对学生学情进行粗浅调研的。经过了一段时间的摸索，再通过学习，我发现要想找准学生的问题，可以借助一些科学的方法。常用的方法包括问卷调查、访谈、观察、作品分析等，不同需求适用不同的研究方法，有时也需要多种方法结合使用。问卷是常用的一种书面搜集资料的方式，教师日常的调研并不一定严格采用规范的问卷，但大致需要经历确定调研目的、设计问卷题目、进行实际问卷调研和结果分析这些过程。

下面就以分数的学习为例，谈谈我是如何进行调研的。

分数是小学数学学习的重点和难点之一。小学阶段的分数学习通常分为两个阶段：第一阶段为初步认识分数及计算简单的同分母分数加减法，第二阶段为进一步认识分数和计算异分母分数加减法及乘除法。在第二阶段进行异分母分数加减法的教学前，我会思考学生经历了第一阶段的学习后有哪些经验能够顺利迁移，学生在利用已有经验学习时是否会遇到新的问题。为此，我想借助问卷寻找学生学习异分母分数加减法过程中的问题。

一、确定调研目的

在开始调研之前，先要确定调研的目的，明确为什么要做调研。

我们调研的目的是：

（1）了解学生学习同分母分数加减法的经验对学生学习异分母分数加减法会有怎样的影响。

（2）了解学生在进行异分母分数加减法的计算时，可能的方法有哪些，学生的困难和困惑在什么地方。

首先需要了解对异分母分数加减法的学习，学生有哪些已知与哪些未知。在学习异分母分数加减法前，学生已经认识了分数，知道同分母分数大小比较的方法，会进行同分母分数加减法计算。这些是我们不需要调研就能了解到的学生的"已知"，但我们不能确定这些"已知"对学生进行异分母分数加减法的"未知"会带来怎样的影响，这一点希望通过问卷调研获得答案。

我们还希望了解学生的"能知与不能知"。虽然学生还没有学习异分母分数加减法，还不知道如何计算，但通过独立探索学生是否能够知道，或者经过独立探索后还有哪些是不知道的，也需要透过问卷进行了解。独立探索的过程也可以帮助我们了解学生分析问题、解决问题的思路和方法，找到解决问题的障碍点和拐点。也就是了解学生的"怎么知与怎么不知"，了解学生为什么能知和为什么不知。

能通过调研发现学生的"想知"，也是我们希望看到的。对于异分母分数加减法，学生想学习什么，喜欢什么内容和方式。了解学生的关注点和兴趣点，有助于我们设计情境和学习方式。

以上谈到的四个方面在正式调研时，未必都能通过问卷得到答案。不能够通过问卷得到答案的，还可以通过访谈或观察来做进一步的了解。访谈和观察可以帮助我们更加深入地了解学生面对问题时的思考过程，甚至可以了解到过程方法、情感态度价值观等更隐性的方面，了解学生的经验、思想及思维方式。

二、设计调研题目

接下来针对调研目的设计问卷题目。题目的表述不仅要引导学生呈现做的结果，还要鼓励学生尽可能清晰地呈现思考的过程和轨迹。对异分母分数加减法的问卷，我们设计了如下题目[①]：

尝试计算下面各题。如果有困难，写写你的困惑在哪里。

$$（1）\frac{1}{5}+\frac{2}{5} \qquad （2）\frac{3}{5}-\frac{1}{2} \qquad （3）\frac{3}{8}+\frac{3}{16}$$

凭以往经验，我们认为学生在运算的学习中容易有负迁移，所以对三个题目做了设计：第（1）题是分母相同的分数加法，便于了解学生同分母分数加减法的掌握情况，同时也唤醒学生的经验；第（2）题为异分母分数加减法，分子、分母都不相同，以了解学生是否能够主动将异分母分数转化为同分母分数；第（3）题为分母不同但分子相同的分数，以了解学生是否存在负迁移，了解是否同分子的分数学习比异分子的分数学习受到的干扰大。

---

① 调研者：北京市海淀区万泉小学胡益红。

三、分析调研数据

我们将学生的 49 份作品进行了分类统计。（见下表）第（1）题学生作答比较清晰，方法也比较统一，因此只统计了正确和错误的学生人数。第（2）题和第（3）题学生用的方法比较多，需要列表分类梳理，简要呈现学生解决问题时用到的方法及对每种方法的使用情况。

测试题	思路分析						
	不会做，没有思路	产生疑问	分子不变，分母相加减	分子加减分子，分母加减分母	转化成小数计算	通过画图得到答案	知道转化分母计算
$\dfrac{3}{5}-\dfrac{1}{2}=$	3 人	5 人	—	12 人	2 人	4 人	23 人
	6.1%	10.2%	—	24.5%	4.1%	8.2%	46.9%
$\dfrac{3}{8}+\dfrac{3}{16}=$	5 人	7 人	8 人	8 人	2 人	4 人	15 人
	10.2%	14.3%	16.3%	16.3%	4.1%	8.2%	30.6%

我们欣喜地看到，在没有学习异分母分数加减法的前提下，学生完成的情况比较好。进一步，通过对比学生第（2）题和第（3）题的作答情况，可以看出，同样是异分母分数加减运算，两题看似难度差不多，正确率却不同。再对比两道题学生解决问题时用到的策略，发现唯独分子相同的这一组出现了分子不变分母相加的情况。对第（2）题知道转化分母计算的学生，在解决第（3）题分子相同的加法时，转化分母计算的人数反而少了。这一切都说明学生很容易受同分母分数加减法计算法则的负迁移的影响。

同时，我们看到这种影响给不同学生带来的问题是不一样的。将学生产生的问题进行梳理，分析背后的原因，就可以帮助我们充分挖掘数据背后隐藏的学生的问题。（见下页表关于异分母分数加减法学生不同的问题及分析。）

问题分析	问题示例
受整数加减法的影响，进行了错误的计算；也没有验证的意识（例如认为 $\frac{3}{5}$ 是一半多，用一半多减去一半不可能还剩一半多）。	$(2)\ \frac{3}{5}-\frac{1}{2}=\frac{2}{3}$ $3-1=2,5-2=3$ 所以最后等于 $\frac{2}{3}$。
感受到异分母分数加减法不同于同分母分数加减法，在思考异分母分数加减法时产生了疑问，但没找到解决问题的办法。	小 $\frac{1}{5}+\frac{1}{5}=\frac{2}{5}$ 分母相同分子相加减 (2) $\frac{3}{5}-\frac{1}{2}=$ 分母不相同能加减吗？ (3) $\frac{3}{8}+\frac{3}{16}=$ 分子相同分母能加减吗？
能基于同分母加减法的经验进行猜想，但不合理；也没有验证的意识。	$\frac{3}{8}+\frac{3}{16}=\frac{3}{24}$ 分子相同 直接把分母一加就行了
学生意识到单位相同的数才能相加减，但没想出办法或方法不合理。	2. $\frac{3}{5}-\frac{1}{2}=?$ 答：我不能算出第二题，因为分母或分子不相同，无法相加减，我认为可以把分母转化成一样的，再计算 $\frac{3}{5}-\frac{1}{2}=\frac{6}{2}-\frac{1}{2}=\frac{5}{2}$ 答：我认为可以把 $\frac{3}{5}$ 的分母转化为2。
虽然不会用计算法则，但学生能够根据分数的意义，通过画图来获得正确的答案。	(2) $\frac{3}{5}-\frac{1}{2}=\frac{1}{10}$ 这道题我不会做，但想画完图以后这道题就会了，但如果只给我看题，不让画图就会了，不让画图就不会了。

　　尽管这次调研只用了三道题目，看似这三道题目也没有什么特别之处，但当我们对学生的作答情况进行认真分析时，我们就能够准确找到学生在解决异分母分数加减法时的问题所在。虽然个别学生还不能把分数的分子和分母结合在一起思考问题，但大部分学生已有的学习经验能够促使学生对异分

母分数加减法与同分母分数加减法计算法则的差异产生疑问，并能借助同分母分数加减法进行猜想，但同时也会产生副作用，形成负迁移。此外我们还有新的发现，在解决异分母分数加减法的问题时，学生缺乏验证的意识，很少有学生能够在解决完问题之后进行反思和验证。这些都是我们进行教学设计、预设核心问题时需要重点关注的。

教师认为的问题不一定是学生的问题

——以"比较意义下的减法"为例

借助问卷了解学生的"已知与未知""能知与不能知""怎么知与怎么不知"以及学生的"想知",让我们有机会走近学生。但有时我们发现问卷也不能解决所有的问题,透过有限的文字,我们未必能全面清晰准确地理解学生的想法,这时候我们就可以进行访谈。

所谓访谈,是一种研究性交谈,是研究者通过口头谈话的方式从被研究者那里收集(或者说"建构")第一手资料的一种研究方法。[①]现在回想起来,我从一开始做教师,似乎就特别喜欢用访谈的方法。我总是喜欢和学生聊聊天,虽然并不是那么正式地、有目的地设计访谈提纲,根据访谈提纲进行访谈,但和学生这样随时随地的对话,心中有了问题就马上找学生聊一聊,和学生说一说自己的想法,听一听学生的想法,不仅让我真正走进学生的内心,也让我逐渐走上了这样一条研究之路。

在日常教学中,我们有时会凭借经验想当然地设计活动,后来发现教师认为的问题不一定是学生的问题。在教学"比较意义下的减法"时,我们就遇到了这样的问题。

一、教师以为的问题

"比较意义下的减法"在北师大版教材一年级下册设计了"开会啦"这样一个情境。在此之前,学生理解的减法是从总数中去掉一部分,而这一

[①] 陈向明. 质的研究方法与社会科学研究 [M]. 北京:教育科学出版社,2000:165.

节课，学生要理解减法的另一种数量关系，比较两个数量的多少。

这是学生第一次学习比较意义下的减法，我在与教师交流中，发现教师都反馈这一内容比从总数中去掉一部分要难理解，教师凭借经验也都觉得学生不能自发地把"比较多少"与减法运算联系起来。教师在借助教材中的问题串教学时，必须要依托一些引导性问题，帮助学生建立二者之间的联系，列出算式。那么，学生是否像教师想的那样？学生到底有哪些思考方法？学生的哪些想法和做法说明他们不能自发地把"比较多少"与减法运算联系起来？其中的问题和困惑是什么？教师在此基础上应提供什么样的学习支持，即需要提出哪些引导性问题？为此，我选择了北京市的一所农村学校进行了调研。

二、学生真实的问题

为了尽可能地了解大多数学生对比较意义下减法的理解情况，我们有目的地选择了不同水平的学生，男生女生各占一半；并选择在一个相对舒适、安静的教室里坐下来和学生面对面地进行交流。

这次访谈我采用半开放式的访谈方式。访谈前，参照教材的情境问题串（见下图）设计了简单的访谈提纲。

问题 1：每人坐一把椅子，够吗？你是怎么想的？

问题 2：还缺几把椅子？你能通过摆一摆、画一画说明你的想法吗？

问题 3：你能列式解决问题吗？为什么这样列？（对列不出算式的学生出示算式"11-7=4"，并追问"这个列式你同意吗？"。）

在教材问题串的基础上，增加了"你是怎么想的""能通过摆一摆、画一画说明你的想法吗""为什么这样列"几个问题，希望能够充分了解学生的真实想法，从而发现学生的问题。访谈过程中，我们发现学生的情况分为以下几种情形。

情形一 这个问题我好像学过

在访谈过程中，发现生1很快地列出减法算式11-7=4，并画图解释列算式的道理。（见下图）生1的顺利解答和我们之前预想的"学生不能自发地把'比较多少'与减法运算联系起来"完全不同，这里有必要追问一下学生背后的想法。

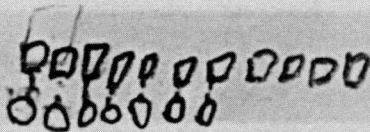

生1 ▶ 11个小朋友，只有7把椅子，11-7，得数就是还缺几把椅子。

师 ▶ 以前有人给你讲过这样的题目吗？

生1 ▶ 有，杨老师。

师 ▶（追问）杨老师讲过什么样的题目呢？你能举个例子吗？

生1 ▶ 杨老师讲过像"一共有10个苹果，掉下来5个，还剩5个"这样的问题。

师 ▶ 你觉得这样的题目和开会的问题是一样的吗？

生1 ▶ 是的，一样的。

师 ▶ 你能再通过摆一摆来讲讲道理吗？

生1 ▶（边摆边讲）一共需要11把椅子，有7个人有椅子，还剩下4个人没有椅子，（求）还剩下的就要用减法。

在追问的过程中发现，学生所谓的"老师讲过"其实是学生自发地将过去学习的"从总数中去掉部分"与"比较背景下的减法"建立了联系。访谈中让学生再摆一摆也是为了确认这一想法，访谈的其他学生（如生2）也印证了这一想法。（见下图）

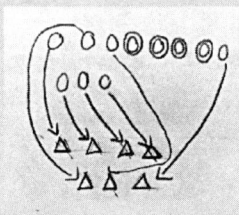

生2 ▶ 因为有11个人、7把椅子，11个人需要坐11把椅子，（用11把椅子）减去现在只有的7把椅子，等于缺少的4把椅子。

情形二　我觉得可以一个一个地减

师 ▶ 你能说说这个算式表示什么意思吗？（见下图）

$$11-1-1-1-1-1-1-1=4$$

生3 ▶ 11表示11个人，减去一次1，就代表有1个小朋友有椅子坐了。

师 ▶ 你能用动作在摆出的图形上表示你是怎么减的吗？（生3一次一次地把对应了的人和椅子推开，见下图。）

生3 ▶ 这样减去7个有椅子坐的人，还有4个人没有椅子坐，缺4把椅子。

生4 ▶（分着写）11-1=10，10-1=9，9-1=8，8-1=7，7-1=6，6-1=5，
5-1=4。

生4 ▶（解释）有11个小朋友、7把椅子，一个一个数还剩出4个
小朋友，所以缺4把椅子。（一边演示一边讲解）因为1个
小朋友坐1把椅子，就是11-1；又1个小朋友坐1把椅子，
就是10-1；又1个小朋友再坐1把椅子，就是9-1；……。
剩下的4个小朋友没椅子坐了，所以缺4个。（生4讲完将
算式改成11-7=4。）

生3和生4虽然没有列出像我们经常列的那样的减法算式，但也借助画
一画和操作的过程，建立了情境与减法意义的联系，并且能够清晰地解释为
什么用减法。

情形三 再添上一些就一样多了

生5 ▶ 图中1个大圈表示10，1个小圈表示1。7个人有椅子坐了，
再搬来4把椅子就够11个人坐了。7+4=11，缺4把椅子。

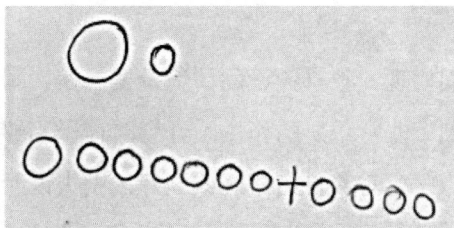

生6 ▶ 这样意思更清楚，7把椅子再加4把就是11把椅子了。

生7 ▶（列出了两个算式）11-7=4 或 7+? =11。

师 ▶ 你能解释为什么你列出这两个算式吗？

生7 ▶ 7代表椅子，11代表小朋友，11-7=4表示还多出4个人没
有椅子，所以缺4把椅子。而11-4=7和7+4=11一样。

三、教师的问题不一定是学生的问题

上面的例子表明：学生并非像最初教师预想的那样，不能自发地把"比较多少"与减法运算联系起来，而需要教师通过一些引导性问题帮助学生建立二者之间的联系、列出算式。

事实上，大部分学生能够借助直观图自觉建立"比较背景下的减法"与"求剩余背景"及"加法背景"之间的联系，这是此次研究最大的收获，同时这也颠覆了我们过去的认识。过去我们认为学生自己是不能自发建立联系的，教师要结合解决"比较多少"的现实问题，引导学生探究、发现"比较多少"与减法运算的实质性联系。但其实，只要按教材中的问题一个个研究下去，学生就会有自己的发现。

所以，教师的问题不一定是学生的问题。这次访谈也给我们的教学带来一些启示。

1．在情境和操作活动的支撑下，学生可以建立知识之间的联系

从调研结果可以看出，多数学生能够自己建立新知与旧知之间的联系。当教师问学生结果是怎么算出来的时候，多数学生能通过语言或动作解释自己的想法。在此过程中，教师没有设计更多的引导性问题，学习是自然而然发生的。

在此过程中我们发现，教材创设的情境及摆一摆、画一画等活动，在支持学生探究方面起到了非常重要的作用。开会时椅子不够的情境，非常易于学生理解。同时，当学生对着自己摆好或画好的图去说明的时候，表达会更顺畅。

《儿童数概念的早期发展》一书中也表达了同样的观点："儿童最初学习简单的加减运算事实上是从学解简单的数学口头应用题开始的。因为这种口头应用题用语言描述了'真实生活'中的一些数量事件，这样给儿童提供了可以帮助他们理解加减运算的具体情景，……使他们运用自己的数学技能更容易一些。"其他研究也证实了儿童对应用题问题情境的表征在解题中起着关键作用，它直接影响到儿童对运算策略的选择。

2."取走"和"加法"背景是帮助学生理解"比较背景下的减法"意义的重要支撑

学生在借助已有知识经验解决问题时，主要联系了"取走"和"加法"两类背景。透过调研中学生的表达和中外学者对加减运算现实意义的分类，我们可以梳理出理解"比较背景下的减法"意义可能的思路：

（1）借助"取走"背景思考：从大的集合里边取走与小的集合同样多的部分，剩余的是相差的部分。（2）借助"加法"背景思考：想想应该往一个集合里添加多少个元素才能达到给定的数目，在此基础上借助加减法的数量关系，将小数看成大数中的一部分，差的是另一部分，求另一部分用减法。

在日常教学中，教师联系"取走"背景教学的多，联系"加法"背景教学的少。事实上，因为减法是根据加法定义的，减法是加法的逆过程，如果我们在一个集合中加一定数目的物体，然后再减去相同数目的物体，集合的数目不变。实施减法就是撤销相同数目的加法。这就意味着加法事实与减法事实是紧密联系的。列两个算式的学生的回答很好地印证了这一点。

过去为了帮助学生学习，有的教师经常是按类型一样一样教给学生的，甚至会教学生如何利用关键词判断用什么方法做，认为不这样做学生掌握起来就会有困难或不扎实。事实并非如此。

此次调研让我深深体会到成人心目中孩子可能存在的问题和孩子心目中真正的问题有时不是一回事。成人心目中是有类型的，孩子那里没有，有的成人认为将知识点分割细了去教学效果会更好，但这仅仅有利于做成题、套题，并不利于理解、内化，更不利于贯通。

另外，一个算式往往对应着不止一种现实情境。因此，在运算的教学中我们不能只强调某一种现实情境，而应关注情境的多样性。作为教师，应知道不同运算分别对应着哪几类现实情境，理清数学问题与现实意义之间的关系。因此，梳理运算的现实意义是很有必要的。同时，减法的不同类型以及多把加减法放在一起学习会更有利于学生建立知识间的联系。

3. 教师要给予学生足够的思考时间，鼓励个性化表达

通过对访谈和教师的日常教学进行对比，我们发现，教师们普遍认为的"多数学生不会主动建立联系"，更多是由于日常教学常常只有一问一答，给学生预留思考的时间较少造成的。在这次调研中，我们在每一个环节都留有时间，等学生完成任务后再进行下面的环节，给学生独立思考的时间和空间较大，学生有机会展示自己的想法。

另外，学生前期的经验是不同的，不同学生的思维路径是不同的，他们建立联系的渠道和速度也是不同的，因此要鼓励学生个性化地表达，不主张及时优化，这样有利于学生更好地将经验内化。让学生用自己个性化的语言表达自己的想法，说自己的话，画自己的图，进行多样的表达，是很重要的。

需要说明的是，并不是所有的课都要做调研。所以需要我们养成在常态下捕捉学生问题的意识，对学生课前、课中、课后表现根据需要进行观察，借鉴分析的方法对学情进行理性判断。

另外，要将调研效果最大化。对于一些我们不好把握的核心课，我们就可以进行团队研究，用团队攻关的方式，由同一年级教师分工合作，用集体智慧解决困难。在调研时要注明调研的日期和学校班级，以便于教师了解背景，因为不同背景的学生差异也是很大的。平日要多积累一些案例，及时分析提炼，作为学校教学资源保留下来，时间长了它就是一个宝贵的资源库，以后大家会越教越轻松，并且慢慢会发现一些规律。

处处留心皆问题

——以"不规则图形的面积"为例

　　本章的一开篇我就谈到只要我们有问题意识，学会做一个敏感的教师，练就一双发现的眼睛，问题就无处不在。当我们真的把问题作为思考的起点的时候，我们会发现满眼都是学生，满心都是"学生是怎么想的""学生是怎么做的""学生将会有怎样的发展"。发现问题不仅需要我们借助一些方法进行，更需要教师日常学会观察。观察是人类认识周围世界的一个最基本的方法，也是从事科学研究（包括自然科学、社会科学和人文科学）的一个重要手段。[①]课堂是教师和学生成长的主阵地，更是发现学生问题的重要渠道，我们透过学生课堂上的表现，与老师、同学的对话，学生的课堂练习等，也会发现学生的问题。

　　课堂观察可以由教师日常在自己的课堂上进行，也可以针对某个内容有设计地开展。可以约上自己的同事，由一位教师负责课堂主导，其余教师分散在学生中间，重点记录学生对学习内容的反应、书写过程、操作过程、与同伴之间的交流讨论过程以及学习中存在的疑惑，甚至是学生的表情、语气等。观察教师要如实记录学生的情况，并及时将自己的思考也记录下来。

　　"不规则图形的面积"是北师大版教材五年级上册的内容。在教学"不规则图形的面积"时，教师往往把重点放在利用方格图估计不规则图形的面积上，把难点放在估算方法的学习上。但透过课堂观察，我却有不一样的收获。

　　在教学"不规则图形的面积"一课[②]时，教师首先让学生独立研究一个不

---

① 陈向明. 质的研究方法与社会科学研究［M］. 北京：教育科学出版社，2000：227.
② 执教者：清华大学附属小学刘鸿。

规则图形的面积。和往常一样，当学生独立进行探究时，我作为听课观察者通常会马上来到学生中间，尽可能地看到班级里每个学生的探究过程。这一次巡视中，我发现绝大多数学生都采用了凑整的方法，多年教学形成的问题意识让我感觉这里可能是学生学习的真正问题所在。果然在汇报时，学生更是特别严谨地说明他们找得很仔细，尽可能把两个不够整格的凑成整格才罢休，下面两幅图是学生的典型作品。

也有学生看成近似形来计算。（见下面两幅图）

当学生介绍到上页最后一幅图的做法的时候，已经有同学说误差大，表示可惜了。为了引导学生体会估计会存在误差，刘老师先和学生交流，误差大小要看需求，比如计算这个图形，我们不需要算得太精确。但学生非常勉强地接受了她的提议。学生的表现印证了我的想法，他们的问题不是不会利用方格图估计不规则图形面积，也不是估算方法不多样，而是他们没有办法接受不精确这件事。既然这是问题所在，那就沿着问题继续探讨下去。教师继续提出一种方法，让学生们看看是否合理。（见下图）学生更是难以接受，说这不是四舍五入法嘛，估测的时候用这个方法，太不准确了。

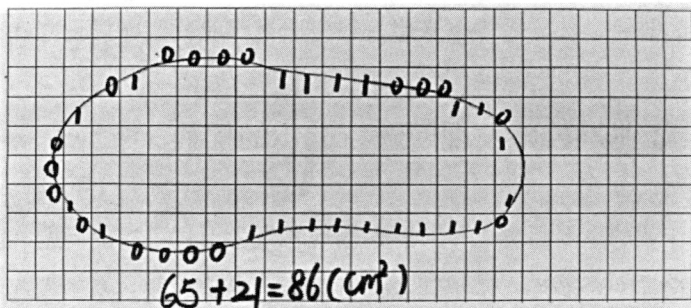

透过观察，我们可以肯定学生能够选择不同的方法进行估测，方法上不存在困难。学生真正的问题是不能接受"不精确"。经过几年的学习，凑整的方法已经在学生的心中扎根，这不仅是因为有前面规则图形面积学习的基础，更因为有能够亲眼看见凑满一个整格的"精确感"。部分学生对用四舍五入的方法估计有异议，也主要源于有的舍去的和加上的不一定正好凑成整格。因此，在课堂上除了要教给学生估测的方法，引导学生反思估测方法的合理性以及估测值的合理性，更重要的是要培养学生的近似意识。

带着问题意识，通过课堂观察与思考，我们可以更精准地探寻到学生真正的问题，进而做到教学的有的放矢。

作业是发现学生问题的好抓手

假如你看到一个人正一丝不苟奋笔疾书，忽然间眉头紧锁，又忽然间莞尔一笑，一会儿面带惆怅，一会儿又喜笑颜开，那很有可能是一位教师在批改作业。相信每位老师都有这样的经验，一个学期积攒下一大捆笔芯。那在批改作业的时候，你是否停下来想一想，透过作业我们能发现些什么？

一、作业是教师发现问题与进步的摇篮

批改作业的重要目标之一，就是发现学生学习过程中的问题。我的头脑中始终有这样一个循环：基于问题进行思考，确定问题；基于发现的问题做教学设计；然后到课堂上进行实施；解决问题或部分地解决问题，甚至有时会产生新的困惑和问题。所以，发现、分析、解决问题是一个循环往复、螺旋上升的过程。（见下图）作业在这个循环中既处在起点的位置，又处在终点的位置。透过作业，可以了解原来的问题有没有得到很好的解决，或者只是部分地解决了，或者我们又发现了新的拓展点。作为终点，可以评估当堂课的问题是否得到了解决。作为起始点，可以通过新课后的练习课、复习

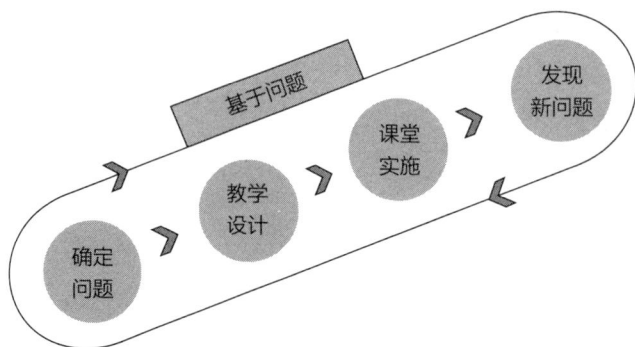

课，解决透过作业发现的问题。总之，要聚焦学生的问题是什么。

因此，我常常会边批改作业边对作业进行分析。我会重点关注两种情况：一是学生的错误或困惑。如果出错的地方比较集中，那就是典型错例，要关注；有的错例虽然是个例，但有很好的思路，或能暴露认知误区，通过判断澄清能提升大家的认识，也值得关注。二是做对了，思路方法值得分享。如果我们发现作业中有非常有价值的好想法或者没在课堂上交流过的不同思路，都可以拍照留存，将其作为素材补充到自己对课的复备中，或当作以后自己和下一年级同事教学的参考素材。同时，还可以在后面的练习课或复习课中与学生们分享。

学生的作业除了能帮助我们完善和改进眼下的教学，有时，对问题的思考会启发我们改进同一主题下前边更多节课的设计。比如，在五年级发现的问题，可能在三年级同样存在，这样将问题前置，将解决问题的时间拉长、空间放大，更有利于学生对本质的理解和把握。

以"分数的认识"为例，很多教师反映，教学分数的初步认识时好像学生都学会了，但到再认识及解决问题的时候又会暴露出问题。当然这也是正常现象，但我们要思考，后面暴露出的问题对我们前边的教学会有什么启发呢？

我在教学"分数的初步认识"的时候，根据教材内容做了调研和访谈，发现学生学习起来很顺畅，学习内容没有激起学生内心的波澜。那隐藏着的学生的困难到底在哪里呢？我突然想到曾经让五年级学生做过一道这样的题目：

下图阴影部分是三角形的 $\frac{1}{3}$ 吗？

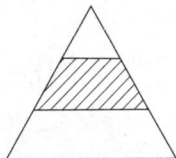

这道题学生出错最多。这道题中的三角形是正三角形，阴影梯形是将三

角形的两条腰三等分并连接等分点得到的，但在题干中没有明确说明。大部分学生答不是$\frac{1}{3}$，理由是这个三角形没有平均分，并且强调，只有平均分的结果才能用分数来表示。后来我用同样的题目访谈三四年级的学生，几乎所有学生都是这样回答的。只有极个别学生想到了别的解决问题的办法。

当我拿这样一道题目跟教师们讨论的时候，也有部分教师想都没想就说阴影部分不是$\frac{1}{3}$。分析的时候，大家都说这道题目太难了。要先比量一下三角形的三条边，看它们是不是一样长。然后看两条腰分成的三段是不是相等。在这个基础上还要想到通过分成同样大小的小三角形或通过变换来进行比较（分别见下面两幅图），才能得出答案。

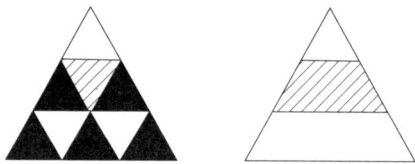

抛开题目本身的难度不说，为什么只有少数学生想到，上面白色的三角形最小，下面白色的梯形最大，阴影部分不大也不小——有可能是$\frac{1}{3}$，然后再通过折一折、比一比进一步说明？出现以上现象的原因比较复杂，它既与分数意义的复杂性有关，也与学生的年龄特点有关，更与我们的教学直接相关。回看我们的教学过程，教师每天都在不断重复说着平均分，所以学生对平均分印象深刻，看到三部分不是"直观"的平均分，当然认为不能用$\frac{1}{3}$表示了。

二、难道都是"平均分"惹的祸

我们到底应该如何帮助学生理解分数中的平均分呢？我们都知道，数学概念与现象间有着一般和特殊的关系，概念作为抽象思维的产物有着更为普遍的意义。在概念教学中，要借助变式（变换对象非本质特征的表现形式，变更事物的角度或方法，以突出对象的本质特征，突出隐藏的本质要素）突出概念的本质，要借助反例（具有概念本质属性中明显的、多数的特征，且无关特征相同，只是不具有概念属性中个别的、潜在的本质属性的否定实例）衬托概念的本质。

在实际操作中，尤其是在概念建立的初级阶段，我们往往容易忽视以多种不同的方式帮助学生在活动中积累经验，理解内涵。

反观"分数的初步认识"教学，学生在初步认识分数时，都是借助直观，用形去启发学习的。在用分数表达图形与图形之间的关系时，实质上指的是量与量之间的关系。图形本身有形状和面积大小两个角度。在教学中我们给出的都是形状和大小完全相同的全等的例子，这样学生很容易理解，也很容易习惯性地认为不全等的就不能用分数来表示。从这个意义上说，全等背景下的平均分是一个特例。

基于以上思考，我觉得平均分没有错，错就错在大家对平均分的狭隘理解。学生的问题是不是在这里呢？

我们对教材中学生没有出错的题目进行了改造，将图中小房子的上半部分和左半部分分别涂上颜色，问题改为：图中阴影部分都分别是整幅图的 $\frac{1}{2}$ 吗？（见下图）

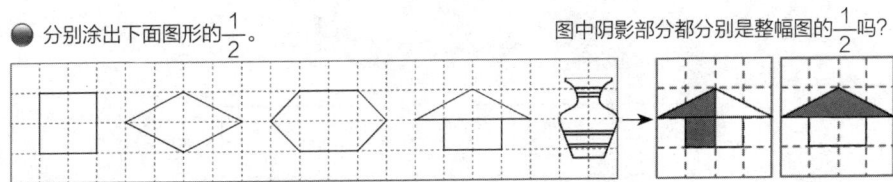

多数学生认为右边的不是。因此，学生的问题仍然是对平均分的认识存在误区。

所以，在分数的初步认识阶段，我们应该增加形状不同、面积相同的例子，也就是说要给出一些这样的变式。

在上完这节课后，老师们都说，自己上课开口闭口都在讲平均分，张老师这节课也讲，但没讲那么多次，透过课堂，却发现这节课学生对平均分的理解反而更深刻。

对这样一道作业题的分析及反思，不仅让我们发现学生的真问题，还让我们对数学概念教学有了新的认识。数学概念教学应该是一个动态的过程，是一种创造性的活动。概念学习绝对不是简单地强化关键词，而是要让学生经历多样化的理解过程，教师应以多种不同的方式帮助学生体会概念内涵，通过体验概念建立的背景丰富理解，提升理性精神。

三、学生全对就没有问题了吗

有一年我教一年级，记得我给学生布置了一个练习。（见下图）当我批改学生的练习的时候，发现全班都做对了，但又觉得这一年的一年级和上一年的一年级（当时我连续教了两年一年级）太不一样了。这一年的学生在完成第（3）小题小亮跳的总成绩可能是多少时，绝大多数写了92，只有一个学生写了93，一个学生写了91。上一年有好几个学生写了91、92、93 三个

跳绳比赛。

	第一次	第二次	第三次	总成绩
小聪	24	30		90
小明	29	29		94
小亮	26	30		

(1) 前两次比赛结束时，小聪共跳____下，小明共跳____下，小亮共跳____下。

(2) 第三次比赛，小聪跳____下，小明跳____下。

(3) 小亮获得第二名，他跳的总成绩可能是多少？他第三次可能跳了多少下？

答案。我了解学生，如果他们知道可以写三个答案，是不会只写一个的。

我觉得挺好奇的，两个一年级的学生对同一道题目的解答差异怎么这么大？我当时想 90、92、94 排起来看都是双数，难道这一年的学生都喜欢成双成对的数吗？当第二天课代表去抱作业的时候，我就问："你们怎么都填 92 呀？"小姑娘睁着大眼睛，疑惑地看着我说："只能填 92 呀。"我说："不能是 93 吗？"她白了我一眼说："怎么能填 93 呢？我不同意。"旁边一起的男孩也点头附和。

上课了，我拿同样的问题问大家，大家都说不同意，我发现原来写 93 的学生也红了脸，觉得自己做错了。我问为什么，他们竟然异口同声地说："因为没有规律！"

我百思不得其解，大家怎么想到找规律上去了？我说："孩子们，生活中跳绳，第一名跳了 94 下，第三名跳了 90 下，第二名只能跳 92 下吗？跳 91、93 就不能是第二名吗？"学生听我说完，笑了。

后来，我问学生怎么想的，他们说，看到 90、94，中间空一个数，就想到找规律了，在幼儿园的时候做找规律的题做得太多了。唉，这些小家伙，有时候走着走着，就忘了任务是什么了。

教学中，这样的情景其实会有很多，我们常常看到学生没有问题，但是学生全对了就真的没有问题了吗？答案是不一定！因此，有经验的教师应该是对问题敏感的教师，保持好奇心，养成问题意识，当这种意识树立起来，我们就会发现一些意想不到的问题。

为什么错的总是它

经常有教师向我提起，一到考试学生就像被打回了原型，我觉得这个比喻挺有意思。的确，透过试卷我们能发现学生的许多问题。我经常和教师谈，考试不是为了给学生确定一个等级，而是为了发现问题，进而改进教学。

一、一个有趣的发现

在几次测验中，我们发现了一个"有趣"的现象，看似同样的两道题目，学生的作答情况却有很大差异。

问题 A：1 立方分米的正方体木块可以切成（　　　）个 1 立方厘米的小正方体。

学生错误率很高，常常认为 1 立方分米正方体木块可以切成（10 或100）个 1 立方厘米的小正方体。

问题 B：1 立方分米 =（　　　）立方厘米。

问题 A 和问题 B 看起来是非常类似的题目，但大部分学生都能做对问题 B，而做变换了一种方式的问题 A，错误率成倍增长。

无独有偶，学生经历了问题 A 之后，在另一套试卷中又出现了一道类似的题目。

问题 C：将一个棱长 1 分米的立方体切成 1 立方厘米的小立方体，排成一排，组成一个长方体，这个长方体的长是（　　　）厘米，体积是（　　　）立方分米。

这道题目，全年级的错误率为 26.8%（全年级共 269 人），学生错误地认为长方体的长是（100 或 10）厘米，体积是（1000）立方分米。

为什么解决问题时出了错，做了讲评，下次再遇到略加变化的习题时学生还会出错呢？我不禁陷入了深深的思考。简单地把责任归咎于学生空间观念不强、审题不仔细显然是不客观的。出现这样的情况是偶然的吗？"图形与几何"领域内容的学习中，又有多少这样反复错、错反复的情况呢？

在深深的思考中，曾经的一幕又浮现在我的眼前。那是在五年级上学期研究平行四边形的面积后，学生遇到了这样一个问题。

问题 D：如图，把一个长方形框架拉成平行四边形，这个平行四边形的面积和原来长方形面积相比（　　　）。

A. 不变　　　　B. 变大了　　　　C. 变小了　　　　D. 无法确定

据统计，两个班中有 30% 的学生选择 A（正确答案是 C），这么高的错误率，看来应该要重点突破一下了。于是，我做了一个活动的长方形框架进行演示，并且利用课件反复呈现变化的过程，引导学生观察长方形框架与平行四边形框架相比，什么没变，什么变了。窃以为一番功夫下来，学生们自是心知肚明，于是在另一次测验中，我又出了个类似的题目，以期待满意的结果出现。

问题 E：如图，把一个平行四边形框架拉成长方形，这个长方形的面积和原来平行四边形面积相比（　　　）。

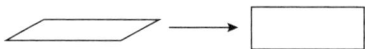

A. 不变   B. 变大了   C. 变小了   D. 无法确定

结果怎样呢？两个班中有 25% 的学生选择了 A、C（正确答案是 B）。

二、针对问题找策略

面对如此反复多次出现的错误，不由得我不反思，"图形与几何"的学习中，问题到底出在哪儿？学生的思维误区是什么呢？

问题 C，学生研究有关立体图形问题时，没有更多的办法把汉字"翻译"成数学语言（如用图表示）。学生对 1 立方分米 =1000 立方厘米只是停留在记忆的层面上，在学生头脑里的立体图形还是平面的，学生还没有建立相应的立体模型，不清楚摆成的长方体究竟是什么样子的。

问题 D，在平时的学习中，学生更多地遇到的是"静止"的图形问题，对类似此类有变亦有不变的"运动"图形，学生往往不知所措，抓住解决问题关键的能力有些缺失。此外，在探索平行四边形面积公式时，学生会把平行四边形沿高剪下，然后拼成一个长方形，不知不觉间，形成一个思维误区，即平行四边形剪拼成长方形后面积不变，那么平行四边形变成一个和它周长一样的长方形后，面积也不变。特别是运用剪拼转化的方法研究了三角形面积、梯形面积之后，学生这种错误的认识愈发顽固。学生在潜意识里不知不觉间形成这样一种认识：两个图形改变形状后，只要周长不变，面积自然也是不变的。而学生恰恰忽略了平行四边形的面积是由两个因素——底和高决定的。受长方形的特殊性影响，对于一个长方形来说，长不变，周长不变，宽自然不变；而平行四边形的情形不同，虽说底不变，周长不变，但由于此时高不再是底的邻边，因此不能说明高也不变。

学生总是在这里出现错误，经过分析找到相应的问题，教学中就要形成相对应的策略。以认识 1 立方分米、1 立方厘米为例，试卷反映出学生缺少动手操作的过程，那么在教学中借助动手操作帮助学生在头脑中建立 1 立方分米、1 立方厘米的立体模型就显得尤为重要。由此，教学中设计了这样三个活动。

活动一 做模型

用土豆切出一些1立方厘米的正方体，用小棒搭出一个1立方分米的框架。

【设计意图】于操作中在头脑中建立 1 立方分米、1 立方厘米的立体模型，直观感受 1 立方分米、1 立方厘米有多大。

活动二 摆一摆

寻找 1 立方分米与 1 立方厘米的关系，重点让学生说清摆几层，一层摆几行，一行摆几个。

【设计意图】直观感受 1 立方分米与 1 立方厘米的关系，体会二维和三维空间之间的联系与区别。

活动三 分一分

把一个 1 立方分米的正方体分成 1 立方厘米的小正方体。（在学具上画一画）重点说清分几步分，怎么分，每一步的结果怎样。（教师做出相应课件，配合学生，适时演示。）

【设计意图】逆向思维，进一步感受 1 立方分米与 1 立方厘米的关系。

三、把学生的思考引向深入

同样在探究平行四边形面积时，我们也将下面的三个活动进行了扩展。

一剪：找好平行四边形的底和高，沿高剪下一个直角三角形。

二平移：把剪下的直角三角形沿平行四边形的底平移。

三重合：把剪下的两个图形相应的边重合后拼成一个长方形。

开展以上三个活动时，学生要带着问题进行操作，思考：拼出的图形与原来的平行四边形有什么关系？怎样计算平行四边形的面积？公式是什么？操作过程中，学生很清楚地看到平行四边形的底和高与长方形的长和宽的关系，简单明了，但如果到此结束，学生很容易形成前面所说的思维误区，因此不应结束，而是应该把学生的思考引向深入。

1. 请你辨析下面每幅图中两组平行四边形面积的大小，思考是什么因素决定平行四边形面积的大小？

2. 讨论

（1）两个长方形的宽一样，周长一样，它们的面积有什么关系？

（2）把一个长方形框架拉成平行四边形，这个平行四边形的面积和原来长方形的面积有什么关系？请想办法说明你的结论。（教师可以准备教具、课件，以配合学生的说明。）

3. 比较、反思

为什么你会认为拉成的平行四边形的面积和原来长方形的面积一样大呢？究竟是什么因素决定了平行四边形的面积大小？周长一样的长方形、平行四边形，为什么长方形的面积大？

通过试卷分析，我们能够发现学生总是出错的地方所反映出来的背后的问题，重要的是这些问题为教学明确了方向。从学生的问题中，我们悟出一些道理。儿童的思维是从动作开始的，切断动作与思维的联系，思维就不能得到很好的发展。在"图形与几何"领域的学习过程中，要充分利用学具、教具，加强实实在在的动手操作，借助大量具体、形象的感性材料帮助学生理解和掌握几何图形的概念、性质、求积公式，形成空间概念。教学时，教师要充分利用摆、剪、折、量、画、分割、拼合等操作活动，使学生获得鲜明、生动、形象的感性认识。在此过程中，学生在教师的引导下，通过自己实实在在的操作活动，去思考，去发现，进一步完善已有的认知。

"没有"问题怎么办

在寻找问题的过程中，我们也会遇到"没有"问题的情况。这时候该怎么办呢？

一、"没有"问题，就深入学生的学习过程

北师大版教材五年级上册第二单元第一课时是"比较图形的面积"，目的是通过比较活动，让学生懂得面积比较方法的多样性。同时，也让他们知道确定一个图形面积的大小，不仅是根据图形的形状，更重要的是根据图形所占格子的多少。在与老师们交流时，他们经常说"没什么可上的"，"内容太简单了"。

那么，有没有必要上这样的一课？学生比较图形面积的方法有哪些？他们数方格时会有困难吗？带着这样的问题，我们进行了学生调研。[1]

下面方格图中，每个小方格的面积表示 1 cm^2。请写出每个图形的面积，并用画图或文字的方式表示出你是如何确定面积的数值的。

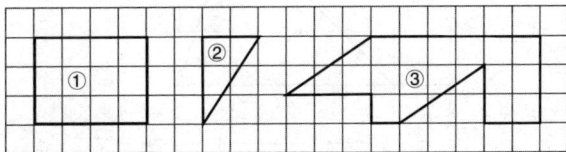

从本题的调研结果来看，有一半左右的学生具有转化的意识，他们试图

---

[1] 调研者：清华大学附属中学上地小学李丽娜。

将不熟悉、不好算或不好数的图形面积转化成长、正方形的面积；有个别学生已经能够运用公式直接计算；但仍有一部分学生对非长、正方形的面积问题束手无策。（见下表）

方法						
数格 （人数/百分比）	9 人	31.03%	2 人	6.90%	4 人	13.79%
割补后数格 （人数/百分比）			11 人	37.93%	17 人	58.62%
计算 （人数/百分比）	20 人	68.97%	11 人	37.93%	1 人	3.45%
做错 （人数/百分比）			5 人	17.24%	7 人	24.14%

在上面的调研中没有发现学生有明显的学习困难，怎么办？如果深入学生的学习过程，会不会有新的发现呢？我找了两个成绩中等的学生，让他们逐一说出书上所给图形的面积，终于筛查出一个图形。（见下图）

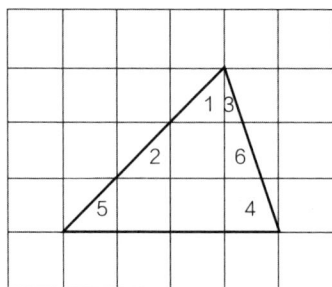

学生数方格时认为"1""2"两部分合在一起是一个方格，"3""4"两部分合在一起是一个方格，这都没问题，但是对于"5"与"6"两部分能否合成一个方格产生了怀疑。学生们在数值上承认半个方格与半个方格合在一

起是一个方格，可是不能直接看出来，要靠真正动手剪拼验证。因此，这个问题对学生来说还是有一定挑战性的。

通过深入学生的学习过程，我找到了学生学习中的困难，并且在课堂教学中为学生准备好剪拼的素材，让学生真的动手试一试，让他们眼见为实。在剪拼之后，我又用课件给学生演示，这样学生的印象就非常深刻了。

二、"没有"问题，就抓住每个细节

北师大版教材二年级下册第六单元第三课时"平行四边形"中，通过拉动长方形两个相对的顶点得到一个平行四边形，再结合生活情境与实际操作直观认识平行四边形，只要求学生在众多图形中能辨认即可。

1. 课前调研

在进行教学预设之前，我想了解学生已有的知识基础，以及学习过程中可能存在的学习困难，进行了如下调研。

题目1：你见过这个图形吗？在哪儿见过？它叫什么名字？你能说说它长什么样吗？（见下图）

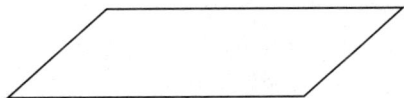

【分析】

学生调研结果见下表。

结果	见过		没见过	知道名字	不知道名字
人数	11人	七巧板、积木、数学书、英语书、图画、商店标志	4人	3人	12人
百分比	73.3%		26.7%	20.0%	80.0%

（1）以上现象和数据说明多数学生见过平行四边形，但了解不多。

（2）学生对平行四边形特点的描述包括：

这个图形看起来有点歪，两边是斜着的，往右边歪了一下；

像长方形，但又不是长方形，长方形的边错开了；

这个图形不是正正的，上面的边和下面的边对不齐。

题目 2：下面这些图形中，哪些是平行四边形？

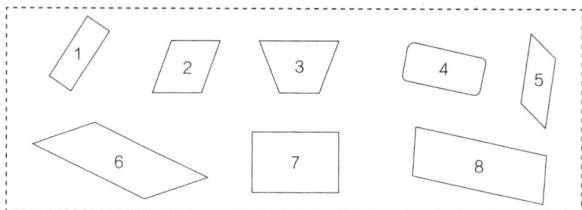

【分析】

不管之前是否见过或是否知道名字，学生看过刚才的第一个平行四边形后，基本能较顺利地辨认，但判断 8 号图形时有近一半的学生要犹豫一下，然后才能肯定。

2. 教学实施

从调研结果来看，学生应该能够比较顺利地达成本课的教学目标。既然如此，那我就把重点放在每个环节学生都能充分感知上，将直观认识的每个细节做好。

具体教学过程设计如下。

活动一　做一做

（1）用纸条和图钉制作出长方形、正方形、三角形三种形状的框架。

【设计意图】 教师为学生准备 9 条长短不同的硬纸条（4 条 5 厘米、2 条 12 厘米、2 条 4 厘米、1 条 3 厘米、1 条 6 厘米、1 条 7 厘米、1 条 8 厘米），其中 1 条是多余的。一般情况下，老师只让学生制作一个平行四边形框架，体会特点；这里，我要求学生同时制作两种形状的框架——长方形、正方形。之所以加一个正方形，一个原因是因为很多学生见到的平行四边形多数是菱形，学生知道菱形这个词的相对多一些，并且学生经常把不是菱形的平行四边形当成菱形，所以要结合背景引导学生直观体会菱形也是平行四边形；另外，认识平行四边形也需要不同的背景。

我为学生提供的硬纸条有 7 种不同的长度，如果学生开始就急着做，就会出现有的图形做不出来的情况，这样会促使学生反思首先要统一考虑纸条的长短再进行调整，调整的过程中学生会进一步体会图形特点。

在这里组织合作活动，是因为活动本身有挑战性，需要同组同学互相启发，同时制作时合理分工会做得更快。

（2）分别拉动两个框架，引出"平行四边形"，请学生说一说在拉动的过程中什么变了，什么没有变。

【设计意图】通过拉动长方形、正方形使其变成平行四边形，并让学生说一说拉动的过程什么变了、什么没变，让学生从平行四边形与长方形、正方形的区别中直观体会平行四边形的特征。请学生说一说，一方面了解学生在这个过程中的体会，另一方面在学生说的过程中了解学生可能存在的问题。

（3）说一说平行四边形是什么样的。

【设计意图】课堂上给学生足够的时间和机会，让学生充分表达自己的体验和感受。学生和前面调研过程中的表述很相似，经历了做图形和拉动图形的过程，学生更多地从长方形、正方形与平行四边形的联系方面进行描述。这里不要求学生用规范的语言，只要学生能够将自己对平行四边形的理解表达清楚即可。

活动二　找一找

问学生在什么地方看到过平行四边形。

【设计意图】在学生经历了做的过程后再引导学生联系生活，将抽象的图形与具体的物体建立联系。学生寻找平行四边形的过程也是对图形特征进一步认识的过程。

活动三　画一画

让学生在点子图上画一个平行四边形。

【设计意图】给出平行四边形的两条边，让学生借助点子图继续画出另外两条边，在画的过程中获得对平行四边形的感性认识。

三、"没有"问题，就为日后的相关学习做铺垫

"6的乘法口诀"是北师大版教材二年级上册第七单元"乘法口诀（二）"的起始课，是在学生学习了乘法的意义、2—5的乘法口诀以及用口诀求商的基础上进行的。

1. 课前调研

在学习2—5的乘法口诀时，学生就已经熟悉了由连加算出得数再编制口诀的过程，在学习6的乘法口诀时，学生兴趣会降低，也不容易投入其中。所以，了解学生前期的学习基础，了解学生会有哪些学习的困难，就显得尤为重要。为此，我对学生进行了课前调研。

题目1：你能画图表示"三六十八"这句口诀吗？看到它（它是6的口诀中的一句，并且曾经在3的口诀中学过，数目不大，便于画图），你能想到哪些算式？（能写几个就写几个。）

【分析】

（1）画图情况。

从卷面情况看，有89.19%的学生都能用图正确表达口诀的意义。（见下表）主要有三种形式：3个6、6个3和矩阵形式。（见下图。这个学生是画得全的，大部分学生只画了其中的一种或两种。）

	正确	错误
人数	33人	4人
百分比	89.19%	10.81%

尽管绝大多数学生的基础很好，但我也看到了个别学生还不能正确用图进行表达。越是这样，作为教师，越应该关注弱势的学生，以便了解他们的

真实想法，有针对性地帮助他们进步。他们的画图情况如下：

生 1 画的是 3 个 8，生 2 画的是 8 个 3。（见下图）经询问，发现他们是把口诀错看成了"三八二十四"。通过再读一遍题目，他们就知道错在什么地方了。

生 1：

生 2：

生 3 不会用图表达"三六十八"的意思，只是按顺序画了 3 个圆、6 个圆、18 个圆，只解释了口诀的字面意思。经询问得知，他知道口诀的意思，但不会用图合理表达。（见下图）

生 4 只写了算式，没有画图，不管我怎么说画图的问题，他一律回答"不会"，但他能说出这句口诀表示"3 个 6"。再让他画图，他还是说"我不会"，表现出很反感的样子。（见下图）后来跟老师沟通，老师说这是一个很特殊的孩子，让他记简单的内容也能记，但一涉及理解的问题，就很难沟通。

（2）写算式的情况。

仅从卷面情况看，94.59%的学生能根据口诀写出正确的相关算式（见下页表），其余两名学生的答案见下页图。

结果	能用算式正确表达口诀意思					不能用算式正确表达口诀意思
	仅写出乘法算式	仅写出除法算式	加法算式和乘法算式	乘法算式和除法算式	加法、乘法和除法算式	
人数	11人	1人	5人	7人	11人	2人
百分比	94.59%					5.41%

生1：

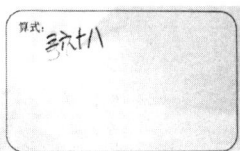

生2：

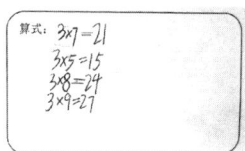

我对以上两名学生进行了简单的追问。

师 ▶ 你写的是算式吗？

生1 ▶ （想了想）不是。

师 ▶ 那么根据这句口诀，写算式的话该怎么写？

生1 ▶ $3 \times 6 = 18$。

师 ▶ 为什么写这些算式？

生2 ▶ 都是和"三六"挨着的。

师 ▶ "三六十八"表示的是哪些算式的意思？

生2 ▶ $3 \times 6 = 18$ 和 $6 \times 3 = 18$。

从对学生的简单追问中可以看出，这个班全体学生都能根据口诀写出相关算式。

通过本题调研可以看到，学生通过对2—5乘法口诀的学习，能理解并正确表达口诀的意义。

2. 直接写得数

$6 \times 4 =$	$4 \times 3 =$	$7 \times 5 =$	$9 \times 3 =$
$2 \times 3 =$	$3 \times 3 =$	$6 \times 3 =$	$2 \times 8 =$
$7 \times 4 =$	$4 \times 5 =$	$8 \times 4 =$	$9 \times 4 =$
$4 \times 9 =$	$7 \times 2 =$	$6 \times 5 =$	$4 \times 2 =$

【调研结果】

全班 37 名学生全部在一分半内完成计算，正确率是 97.47%。错题主要分为两大类：一类是与邻近口诀混淆（见右面两图中左图）；另一类是记错口诀（见右面两图中右图）。但无论是哪种错

9×3=18	7×5= 35
2×8=16	6×3= 18
9×4=36	8×4= 31
4×2=8	6×5= 30

误，错题都主要集中在 7×4、8×4、9×3、9×4 等乘积较大的题目上。

我又对部分学生进行了访谈：

①你们已经学了 2—5 的口诀，都背下来了吗？对口令：三五、二六、四八、五九、三七、四九、三八、四六。

②在学口诀或背口诀的时候，有没有什么困难？你是怎么解决的？

【分析】

学生对 2—5 的口诀的记忆准确，比较熟练，能根据口诀间的关系进行推算。

在分析教材和试讲的过程中发现，学生对重复学习这种相似的知识兴趣不大，不愿意通过计算得出口诀结果，就是让他算也不真算；对所背的错误口诀毫无觉察，也不愿验证。

作为教师，我知道让学生重新经历口诀编制过程非常重要。特别是访谈中有个孩子说他 4 岁就能背下口诀了，但通过学习口诀的意义，在理解的基础上背得更加熟练，记忆更加深刻。

因此，在教学中，一方面教师要引导学生体会经历编制过程的重要性，另一方面也要发展学生验证的意识。要背口诀就必须亲自算一算，这样做有利于培养学生科学的学习态度和严谨的学习习惯。当然，也要遵循学生的认知特点，通过创设有趣的解决问题的情境（如借助学生喜爱和熟悉的笑脸徽章[①]来创设情境）和设计有挑战性的问题（如 11 个 6 是多少），把学生吸引到课堂学习中来，让他们自然地、心甘情愿地经历乘法口诀的编制过程。在

———————

① 笑脸徽章是学校用于奖励学生的一种小徽章，学生通常会积攒下来整齐地贴在本子上以换取更大的奖励。

解决"11 个 6 是多少"这个问题的过程中，进一步练习 6 的乘法口诀，在通过拆数感受为什么乘法口诀只有 9 句的过程中，积累学习乘法分配律的感性经验，感受位值的意义和价值。

学生通过解决现实的、有趣的、有挑战性的问题，在理解中记忆口诀，形成严谨的学习态度，体会、体验新旧知识间的联系，感受学习乘法口诀所带来的学习乐趣，学生收获的不仅是知识本身，还有学习数学的乐趣和对学习方法（如对不确定的知识进行验证、记忆口诀时有重点地记忆新学的、不熟的知识等）的感悟和眼界的开阔（口诀只有九句）。

面对教学中"没有"困难的这类课题，我们要静下心来研究学生怎么学，研究内容之间的前后联系，在"没有"困难的内容中找到"生长点"，让我们和学生的教育生命不要虚度。

对学生的问题找得准不准、好不好，取决于教师对数学、对学生、对课堂、对教育教学的认识，取决于教师的学科素养和教育智慧。问题探寻最终关注的是学生的全面健康发展，问题探寻在成就学生的同时最终也成就了教师。

第二章

如何基于问题
设计教学

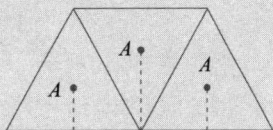

在很大程度上，教学的艺术在于使新问题的难度大
到能激励思考，小到自然注意到的新奇因素能引起
疑惑，能使学生从熟悉的事物中获得一些启发点，
并从中产生有助于解决问题的建议。

——杜威

教学设计是解决教学问题的一种设计活动。基于问题的教学设计，是立足聚焦的问题，分析教学中的需要，设计解决问题的方法，试行解决方法，评价试行结果，并在评价基础上改进设计的一个系统的工程。[①]

　　基于问题的教学设计主要包括内容分析、学情分析、聚焦问题、确定学习目标、活动设计、课堂评价六个环节。第一，基于教材开展内容分析，同时要兼顾对课程标准、教师用书以及一些文献的研读、思考与交流，在此基础上挖掘出与教材内容相关的知识、能力、思想、习惯等，初步明确学习目标。第二，基于学生开展学情分析。主要指对学生的生活经验、知识基础、思维路径、认知错误、困难、困惑等方面进行分析。第三，聚焦问题，联系前面两个分析找准问题。第四，拟定、完善学习目标，确定教学重、难点。第五，设计教学活动。根据学习目标，确定从学生的现有水平到学习目标之间所需获得的能力和子能力及其层次关系，可选用能够突破问题的教学方法，包括教与学的形式、媒体活动等多方面的选择与设计等。第六，设计课堂教学评价，以了解教学目标是否达到，确认问题是否解决，经过学习学生是否产生了新的还想要研究的问题，进而为修正教学设计提供实际依据。这里涉及的评价既有形成性评价，也有终结性评价。

① 皮连生. 教学设计：心理学的理论与技术［M］. 北京：高等教育出版社，2000：2.

基于问题的教学设计是以学生学习为中心的设计过程。它的特点：一是关注学生学习起点、能力。二是突出教学设计是一个反复的过程，需要不断进行分析和修正，以期完成具体的教学任务，达到教学的目标。因此，立足问题的教学设计下的教学活动也是一个螺旋上升的过程，上述各个环节之间相互联系，相互制约。它们之间的关系如下图所示：

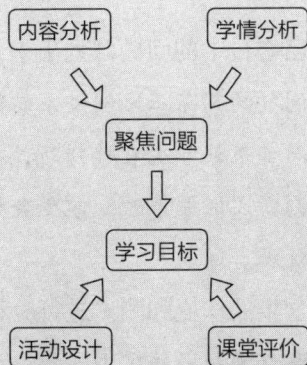

```
    ┌────────┐      ┌────────┐
    │ 内容分析 │      │ 学情分析 │
    └────────┘      └────────┘
           ⇘        ⇙
        ┌────────┐
        │ 聚焦问题 │
        └────────┘
            ⇓
        ┌────────┐
        │ 学习目标 │
        └────────┘
           ⇗        ⇖
    ┌────────┐      ┌────────┐
    │ 活动设计 │      │ 课堂评价 │
    └────────┘      └────────┘
```

找到牵一发而动全身的问题

——以"正比例"为例

在问题研究的路上，会遇到很多不同的情形。老师们最困惑的是：有时候找到的问题比较多，如何聚焦。细细分析，我们发现的这些问题大多是有连带关系的，需要梳理它们之间的关系，找到那个牵一发而动全身的问题，然后对其他没有关联的问题再确认梳理，觉得有价值的可以再聚焦，最后形成一到两个问题，作为一节课解决的重点。

下面，我们就以"正比例"教学为例，来呈现问题聚焦的完整过程。

一、将所有问题罗列出来

首先，我们可以把自己心目中的问题都列出来：

①教师印象中，对于同样的判断正比例关系的问题，如果用表格呈现，学生就能轻而易举解决；而如果让学生直接判断，他们就无从下手。

②通过分析数量关系判断比例关系时，学生会感到费解；而通过举例子的方式来进行判断，学生就没有问题。

接下来，我们可以对学生的作业和测试进行分析，找到具体问题：

①把两个量是否相关联作为判断的根据。学生认为一种量增加，另一种量也随着增加就是正比例关系。即使列出了表格，也没有从对应的数据上去分析比值，而只是观察到"同时增加"这一浅表的变化。

②把两个量是否相除作为判断的依据。

③把比值一定作为判断的依据。学生认为，没有告诉哪个一定，就不成正比例；知道一个量一定，就成正比例。比如，对"宽不变，长方形的周长

与长是否是正比例关系"，学生并没有分析周长与长的实际关系，认为宽不变就是比值一定。

④硬套定义得出错误判断。有的学生判断已走的路程和剩下的路程不成正比例，原因是已走的路程和剩下的路程不是相关联的量，已走的路程和剩下的路程是相加关系，不是相除关系，学生在相关联和相除之间建立了固定的联系，认为只有存在相除关系的两个量才是相关联的量，因而得出错误的结论。

⑤将"差不变"与"商不变"混淆。

⑥认为只要是一条直线，就是正比例。

二、分析问题之间的关系，寻找关键问题

聚焦问题的分析过程：其中①—④4个问题的主要问题在于，学生在判断两个量是否成正比例关系时，机械地套用概念，孤立地根据某一特征进行判断，说明学生对正比例的量及其关系的理解不到位。

第⑤个问题，说明对概念的理解有问题。

第⑥个问题，主要在于学生遇到问题时，不能够自觉借助工具来帮助自己思考。他们只记住了图像大概的样子，没有关注数据及量之间的关系。他们不理解一条直线是由一个一个点组成，线中的每一个点表示的都是一组数量关系，只有点与点之间相互关联，形成一定的规律，即比值不变，才能确定是否成正比例关系。

这些问题说明学生对概念的理解只停留在了表层。学生不能在全面分析数量关系的基础上进行判断，而是根据他们在学习过程中所掌握的有关正比例的某一特点，用单一的联系代替多方的联系，因而发生了错误。因此，学生的难点在于，对相关联的量相对应的数的比值一定等基本概念有正确理解。这点难就难在正比例太抽象了，而学生的认知发展仍以具体直观水平为优势，学生的认识水平不足以解决相关问题。学生的思维缺乏方向性和辩证性、深刻性和灵活性、批判性和创造性，不能有针对性地从复杂多变的条件

中灵活地、有条理地进行分析、综合、抽象概括，而只能拘泥于某一固定的模式和表面的特征。

函数思想的本质在于建立和研究变量之间的对应关系，因此，无论研究哪两个变量，重要的不是利用概念机械地求比值，而是应当研究两个变量之间到底是什么样的关系，这种关系如何用图像或表达式揭示出来。因此，本课应引导学生努力去揭示关系而不是仅仅满足于判断。

从教学的角度，结合教师的问题和调研的发现，我们再一次认真阅读了课程标准和教材，并最终提炼出在教学时需要厘清的两个关键问题：第一，如何透过呈现方式思考学习材料的具体化对学生学习的影响。第二，如何发挥"列表""图像""表达式"三种表示法的优势，形成优势互补，帮助学生理解正比例的本质。

三、探寻关键问题背后的秘密

为此，需要我们进一步思考：问题呈现方式的变化为什么会导致学生解决问题的困难？同样判断比例关系的问题，为什么以表格呈现时，学生能轻而易举解决，而让学生直接判断时，他们就无从下手呢？为什么让学生通过分析数量关系判断比例关系时，他们会感到费解，而通过举例子，就能茅塞顿开呢？

仔细分析北师大版教材本单元内容，从"变化的量"到"正比例""反比例"，从新授内容到练习设计，在描述两个变量的关系方式上，无外乎有以下三种方式：一是表格形式，通过具体数值描述两个变量；二是图像形式，通过直观图像呈现两种变量的变化关系；三是表达式，也就是通过数量关系式抽象概括变量关系。当然这也是描述函数的三种方法。无论是列表还是举例子，学生都能借助具体数据，清楚地观察到数量的变化规律和特点，从而能为学生判断正、反比例关系提供丰富的感性材料。当面对抽象的语句和数量关系时，由于大部分学生的抽象思维能力还比较弱，对抽象的数量关系的理解能力还不强，如果他们失去了具体数值的依托，思维也就成了无源之水、无本之木。因此，当学生通过举例、建立数据表而有了具体的数量支撑时，学生能顺利解决问题也就不足为奇了。

所以，表面上看是问题呈现方式不同造成解决问题的难度产生差异，实质上是小学生思维水平和思维特点对教学内容的要求所致——学习材料要具体化和形象化。六年级小学生的认知发展仍是具体直观水平占优势、直觉水平占优势，他们掌握新概念需要借助经验，探究丰富策略，更好地进行比较分析综合抽象概括，从而掌握概念的本质特征，否则只能是不精确的泛化阶段的理解。

四、设法找到解决问题的办法

接下来，我们该如何正确认识"列表""图像""表达式"三种表示法呢？列表通过局部的数值变化可以让学生感受到数量的具体变化情况和规律，但往往由于不能穷尽所有的数值而缺乏整体性；图像能直观反映数量的变化特点和趋势，但缺乏精确性；表达式能简洁、精确地概括数量之间的关系，但不够直观。列表中的具体数值是画图的根据，又是学生抽象出数量关系、建立关系式的重要基础，同时，列表由于其特有的具体直观性，更符合小学生思维特点，因此，在这三种表示方法中，列表是基础，应该得到足够重视。而图像由于其能直观反映数量关系的整体变化趋势，对培养学生的数形结合思想，以及今后学习解析几何也是尤为重要的。借助表达式刻画自然界的数量关系对发展学生抽象思维能力、提高学生解决问题能力具有积极的作用。因此，实际教学时，教师如果仅停留在列表和图像两种表示法上显然是不够的。教学时，要引导学生在观察具体数据的基础上，抽象出数量之间的关系并尝试用符号表示，以培养学生的抽象思维能力和符号意识，从而提高学生的数学素养。

另外，对小学生来说，正比例图像也比较抽象，不是很好理解。因此，在教学设计中，要突出为学生设计"画图"和"识图"两个过程。画图就是学生利用表中的数据，在方格纸上经历用图像的形式来表达正比例的关系，在画正比例图像的过程中体会成正比例的量与图像之间的对应关系。识图就是在学生画出正比例图像之后，反思这条直线是否真能反映出正比例的关系。对这个正比例的图像进行再认识，要在正比例的图像中找变化的量和不变的量，反思它能否表达关系式中的任意一种情况等，这样我们就可以通过正比例的直观图像来帮助学生理解抽象概念。从正比例关系式到图像，再由图像对应正比例关系式的过程，加深了学生对正比例的理解。

因此，以图像表示为几何直观的杠杆来撬动几种表示法的相互转化，引导学生梳理和二度建构正比例关系，引导学生多元表征，相互解释，逐步摒除非本质属性，厘清本质特征，将不同类型的变量关系区别开来，深刻把握变量关系的本质，从而聚焦于研究两个变量本质关系的表达，为未来函数学习提供思维基础。

引导自主描述变量关系，寻找生活实例并进行三种表示方式的探究，不断丰富对变量关系的感知，为关系的分类、抽象提供土壤。学生用变化的思想去观察世界并尝试进行关系的描述是函数思想发展的萌芽，而基于实例的对话交流进一步丰富了函数概念生长的土壤，多元表达促进了对规律的本质把握，丰富了学生对"普遍联系"观点的认识。

基于问题确定多元学习目标

学习目标是教学活动的起点和终点，是教师对学生应达到的学习结果的明确阐述。所有教学活动都要围绕学习目标展开。因此，学习目标引领教学任务的完成，并提供评价标准。制定清晰、可教、可评的学习目标是保证课堂高品质的前提。具体来说，在一个单元或一堂课的教学之前，我们需要从知识技能、数学思考、问题解决、情感态度几个方面思考：学生应该获得什么？学生是否完成了预期的学习任务？这些任务是否适合本班学生？根据这堂课的教学效果，下一步的教学目标应当如何制定？

在实际教学中，有的教师往往不太关注目标设计。我们经常发现有这样的现象：一节课结束后，在与上课教师交流学习目标是什么的时候，教师经常会着急地找备课本或者教师用书。如果不看着这些，很多老师说不清楚学习目标是什么，有的教师甚至认为知道教学内容是什么就可以了。这就导致我们在实际教学中有偏离目标的现象发生，当然有的偏离的发生不排除是因为教师的认识问题，而有的就是头脑中没有清晰的目标所致。

设定学习目标时，要基于课程标准的目标、教师用书的目标、学生学情，对教材内容本身的教育价值、知识结构、学科本质、学生获得发展的实际水平进行系统思考，用具体、可操作的语言描述学什么、怎么学、学到什么程度。

现在各版本教材教师用书中的学习目标都写得很具体了，找准问题之后，我们需要在整体分析教材和学生学情的基础上，基于问题调整目标，让目标更加符合所任教班级学生的实际情况。需要注意的是，要促进学生学习，课堂学习目标的内涵应该是丰富多元的，所以，教师绝不能以偏概全，只重视其中某一方面而忽视了另一方面；同时要关注教学目标各要素之间所具有的内在关联，不能将这些要素简单地罗列或者僵化地"堆积"。因此，关于如何基于问题确定学习目标，我常常进行以下三个方面的思考。

一、基于发现的问题追根溯源，调整、完善目标

我们可以从这样几个方面来调整目标。**首先，补充体会核心概念的意义和价值的目标**。比如"除数是小数的除法"一课，调整前的目标是：结合具体情境和已有知识，经历探索"小数除以小数"计算方法的过程，体会转化的数学思想，初步掌握竖式算法。

但从问题的视角出发，我们发现学生会常常搞错小数点的位置，而且有的学生当时学会了，过一段时间又错了。其中一个很重要的原因是没有真正理解。以往的教学存在着想当然的现象，以致这里成了学生认知结构中的一个盲点，不少学生的思路正是在此处被阻隔而难以前行。

所以，教师必须明确：在计算除数是小数的除法时，通常借助商不变的规律确定小数点的位置，在进行运算的同时，学生对商不变规律的理解也进一步深入，从整数到小数商不变的规律应用范围变得更广，教师应该引导学生打通这一知识环节。于是，我聚焦这一问题，对学习目标做了调整，增加了"进一步体会商不变规律的意义和价值"这一目标；同时，竖式计算的要求由"初步掌握"改为"理解竖式算法的道理"，掌握的任务可以留待下节课完成。

其次，补充情感态度方面的目标。记得有位教师接手了一个新班，总是抱怨这个班学生学习能力弱，别的班学生很容易学会的内容，他们班学生会出现很多错误，虽然他也会针对错误类型设计、调整教学，但收效不大。为了找到原因，我们一起仔细地分析学生的作业，发现并不是教师能力的问题，而是这个班学生的学习习惯长期缺少培养。基于这个个性化的问题，我们建议这位老师在每节课都根据教学内容补充习惯培养目标，并注意在课堂上落实。一学期下来，这个班的学业质量有了大幅度提升。

学习活动是一个非常复杂的过程。各种智力因素和非智力因素交织在一

起，共同影响着我们学习的进程。智力因素作为心理过程中的认识过程直接影响着我们的学习活动，而非智力因素虽然不直接参与认识过程，却是学习活动赖以高效进行的动力因素。

最后，根据问题适当补充关于能力、意识方面的目标。我在教学中发现，小组合作初期，学生会出现各种各样的问题，有时学生在讨论的过程中会吵起来，成绩好的学生会抱怨跟学习困难的学生在一起是浪费时间，老师找学生谈话的时候，学生都表示不愿意有小组合作的环节。这时，有教师就会主张不要设计小组合作的内容。实际上，这恰恰说明，我们的学生不喜欢合作、没有合作意识、不会合作，这方面需要加强。因此，我们应该对每节课有专门的关于合作意识培养的目标。再比如讲估算的时候，学生出现的很多问题是没有形成估算意识所致，所以应该补充发展估算意识的目标。

总之，课堂要立德树人。制定具体、清晰、可教、可评的以育人为导向的教学目标，是保证课堂立德树人的前提。从育人的角度看，过去教师在制定教学目标时存在关注知识目标，忽视学科思想方法和情感态度价值观目标；关注教，忽视学；关注局部，缺乏整体思考等问题。

学科思想方法体现了学科本质，有着学科特有的科学与人文价值，是实现学科立德树人的重要内容。同时，过程目标中读懂他人、合作交流、遵守规则、自我反思等都有着丰富的育人内涵。另外，尊重儿童学习规律，充分了解和分析学情，按需定标是最好的德育。因此，设定目标时，我们强调要从课程标准、教师用书、学生学情三个方面入手，从教育价值、知识结构、学科本质、学生获得发展的实际水平多维度思考，制定出丰富多元的学习目标。它一方面指向对知识的学习、迁移、运用，另一方面也指向能力的发展和积极情感的体验，指向学生的主动发展。

北师大版教材六年级上册第三单元第一课"搭积木比赛"是"图形与几何"领域中"观察物体"板块的内容。教师用书的目标主要从两个方面阐述：一是从立体到平面，通过观察、操作、想象等活动，正确辨认从不同方向观察到的立体图形的形状，并能画出相应的平面图形；二是从平面到立体，能根据观察到的平面图形还原立体图形，体会从三个方向观察就可以确定立体图形的形状；能根据给定的平面图形的形状，确定搭成这个立体图形所需要的正方体的数量范围，发展空间观念。

"观察物体"这一板块内容所包含的基础知识是：客观地认识空间物体和立体图形的基本形状，体会立体图形和平面图形的相互转换。基本技能是按照一定的顺序和方法进行观察。基本思想则包括了三个方面：一是学会抽象，即从实物抽象出图形，从三维物体（立体）抽象出二维图形（平面）；二是展开推理，从观察到的物体的部分特征，推出或者判断观察的角度、位置，以及物体的整体形状；三是建立模型，即在观察的过程中，先要在头脑中建立物体的表象，再利用表象去解决问题。基本活动经验主要是观察、思考和表达的经验。

"观察物体"的内容本质就是让学生在维度的变化、图形的变化、视角的变化中掌握观察的基本方法，从物体的总体结构和主要特征入手进行观察，抽象出相应的图形，实现三维物体和二维图形之间的转化，从而为继续研究平面图形和立体图形的特征打下基础，并促进空间观念的不断发展。

由此可以进一步补充能力和育人价值方面的学习目标：（1）通过观察活动，帮助学生积累表象，掌握观察的方法，促进空间观念的形成。（2）由从不同角度观察物体，看到的形状可能不同，需要多角度观察、判断整体形状，联想到生活中看人、看事的视角，提高多角度、全面、辩证地思考和看待问题的意识和能力。

通过目标的设计，将教师过去无意识的努力化为有意识的坚持，将教学目标由教书转化为育人，关注学生情感态度和能力的发展，为教学目标打上育人底色，帮助教师确定并找到课堂立德树人的方向。

二、基于发现的问题，确定学习的重点和难点

在大多数的课堂教学中，学生的学习内容、目标都比较明确，不太好明确的是教学的难点。教学的难点要根据学情确定。如果调研中发现了学生的

困惑——这些学生存在困惑的地方就是我们所说的问题滋生的地方，那就要把相关内容作为教学难点。

比如"分数的再认识"一课①，在调研时我们发现，所分物体的数量对学生发现分数所对应的部分会有一定的影响。当所分的物体是份数的倍数时，学生比较容易发现所对应的部分，但当所分的物体（多个）与份数没有倍数关系时，能够发现的人数百分比则会下降 26.2%。并且当平均分多个物体时，大部分学生习惯从数量的角度，而不是从关系的角度，思考部分与整体的关系。

为此，我们把学习目标中经历概括分数意义的过程与方法，体会整体与部分的关系作为教学的重难点，并设计了三个活动，帮助学生突破这个难点。

1．将不同的物体平均分，进一步认识整体

因为学生前面接触到的整体是简单的、现成的、直观的，所以接下来的学习需要呈现更为丰富的有关整体的素材，通过将不同的整体进行平均分，使学生对整体产生更为广泛和深刻的认识。

首先选择"把 2 张正方形纸平均分成 3 份"作为本课的主要探究内容。这里选取 2 个正方形是经过反复考虑的。①学生对于单个物体或多个物体组成群体是份数的倍数的平均分已经相对熟悉，太过简单的背景不容易激起学生思维的兴奋，所以选择 2 个独立的正方形作为研究素材。学生在分的时候，可以选择对每个物体单独分，也可以选择把它们合在一起分，因此，这个背景涵盖了单个物体的平均分和群体平均分的情形。同时，它有一定的挑战性，会促使学生在活动过程中不断思考。②无论怎样分，最后都要考虑阴影部分占 2 个正方形的几分之几。

在此基础上，让学生思考"能否将 5 个苹果、6 个桃子、7 张纸、120 朵花平均分成 3 份"，让学生在活动中不断感受部分与整体的关系，体会把谁作为整体的重要性。

_____

① 执教者：清华大学附属小学姜国明。

2. 经历逐步抽象的过程，体会部分与整体的关系

学生原来对分数的认识是粗浅的、不系统的，这节课应当让学生体会：无论把谁平均分，都可以用分数表示它的部分与它自身之间的关系，但这并不表示一定要揭示分数的定义。正如弗赖登塔尔所言，"分数的定义只是表面上造成对分数是什么增加了更多了解的假象，其实它并没有增进对分数的本质的理解"。那么，有什么更直观和有效的手段更能揭示分数的本质呢？那就是在丰富的背景下，让学生通过图、数联动感悟分数。

"将 120 朵花平均分成 3 份，请画图找到它的 $\frac{1}{3}$" 这道题，有意识地给学生提供了一个数量较大的背景，学生在画的时候，会意识到一个一个地画很困难。由此可以通过全班交流，让学生经历逐步抽象的过程。

在全班达成共识，120 朵花完全可以用一条线段示意后，让学生联系其他背景，逐渐意识到：这条线段既可以表示 120 朵花，也可以表示 2 个正方形、5 个苹果等物体。即无论所分物体是什么，都可以把它看作一个整体。就这样，通过数与形的有机融合，使学生真正地理解部分与整体的关系，达到融会贯通。（见下图）

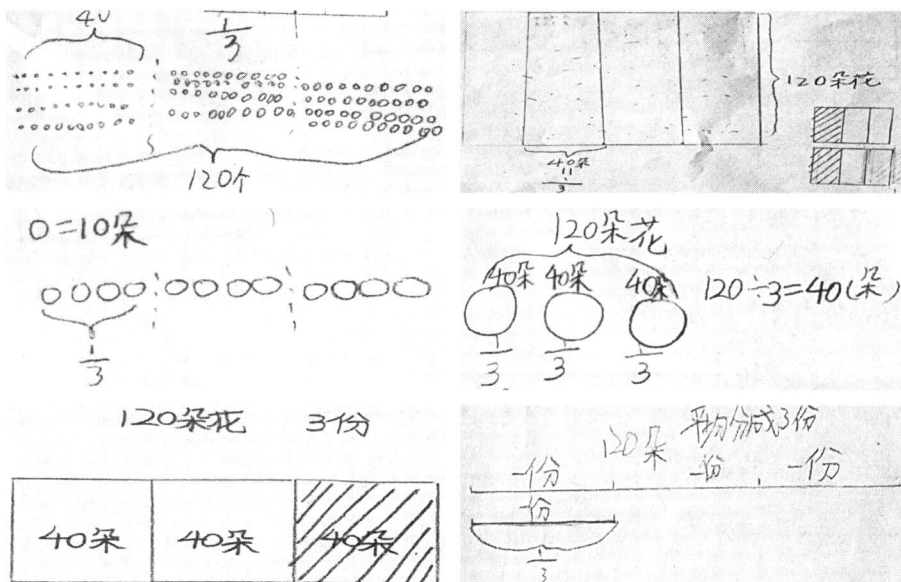

3．经历逆推的过程，体会部分与整体的关系

学生在之前学习分数的过程中，所接触的背景几乎都是顺向的。因此，有必要提供一个需要学生逆向思考的问题。如：

○○○○是整体的$\frac{1}{2}$，请摆出这个整体。

○○○○是整体的$\frac{1}{3}$，请摆出这个整体。

○○○○是整体的$\frac{1}{4}$，请摆出这个整体。

并促使学生思考：同样是○○○○，为什么所占的分率却不相同？解决这个问题，学生需要根据分数的意义逆推，由部分得到整体；而如果再从数量的角度阐述分数显然是行不通的，这就迫使学生从份数的角度理解分数的意义，从而更进一步地体会分母、分子和分数的意义。

三、基于发现的问题，分解目标，让目标可执行

关于分解目标的重要性，马拉松世界冠军山田本一在自传中的一段话说得特别透彻："每次比赛之前，我都要把比赛的线路仔细地看一遍，并把沿途比较醒目的标志画下来。比赛开始后，我就以百米的速度向第一个目标冲去，等到达第一个目标后，我又以同样的速度向第二个目标冲去。整个赛程，就被我分解成几个小目标轻松地跑完了。起初，我并不懂这样的道理，我把我的目标定在40多公里外终点的那面旗帜上，结果我跑到十几公里时就疲惫不堪了，我被前面那段遥远的路程给吓倒了。"

教学也是如此。基于发现的问题，分解目标，让目标可执行，是我们在设计难度较大的课节中需要重点关注的问题。

如在"不规则图形的面积"的探索中，我发现学生不太容易接受不精确。他们总是试图把不够一格的图形凑成非常接近的一格，偏差如果稍大一点就不能接受。部分学生，特别是成绩优秀的学生，对用四舍五入的方法估计有异议，这也主要源于他们认为舍去的和加上的不一定正好凑成整格。为

此，我们可以设计活动让学生体会估测中总是有误差的，而误差多大才合适要取决于实际需求，对需求不那么明显的，如何处理呢？对小学生来说，理解估计方法的合理性确实困难。为此，我们把"能用数方格的方法，估计不规则图形的面积"的目标分解为"感受方格大小与估测面积误差的关系—估测不规则图形的面积—反思估测数值范围"三个小目标。这样层层落实，取得了非常好的效果。

1. 课前调研

学习"估测不规则图形的面积"一课，学生需要两方面的基础：一是计量面积，看是否能够运用数方格、转化等方法计量面积；二是估算的基础，估算除了可以凑整以外，更多地会用到四舍五入。这是我们经常用到的方法，凭经验，我们认为学生在这两方面不会出现问题，因为太简单了。但从我对学生的前期调研结果来看，其实不然。

那么，在图形背景下，学生是如何理解问题的？为避免课上有暗示性，我在班级随机挑选了 6 名学生，进行了相关内容的访谈。

【访谈目的】

①了解学生能否在教师引导下体会到方格经过细分后会减少误差。

②了解学生是否接受用四舍五入的方法进行估测。

【访谈过程和结果】

问题 1：如果数方格估测图形的面积有两种方格可以选择，为使估测的面积和实际面积相差得小一些，你会选择哪一种方格？为什么？

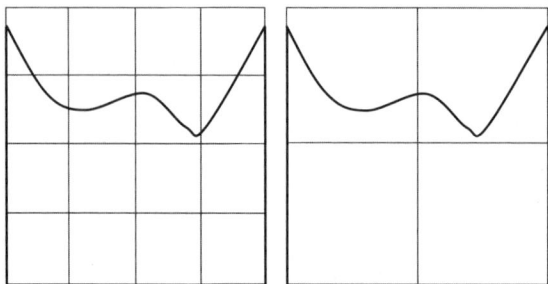

6名学生均认为用小方格量的误差会小一些。由此可以看出，学生还是能够理解方格经过细分后会减少误差的。

问题2：我这样估测这个图形的面积合理吗？（用四舍五入的方法。）

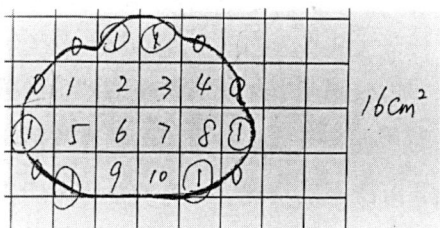

组1：

生1 ▶ 应该可以，可是万一补不上怎么办？

生2 ▶ 关键不是求精确值。

组2：

生3 ▶ 应该行，看着像四舍五入。

生4 ▶ 肯定可以，误差会大吗？不会吧？

组3：

生5 ▶ 这块可以拼到这里来。

生6 ▶ 对，小的可以拼到这边来。

在交流过程中，有的学生还是担心补不上、"得"不到、凑不成整格，误差会大。

在学生通过自己的方法估计出不规则图形的大小时，我请学生说出自己的答案——有十几个答案，但到底哪个对呢？于是便放手让学生讨论。最后，学生发现把所有整格数一遍后是65，再小也不能比65小了。把所有不够一格的看成一格后数一遍，再大也不能比把所有格当成整格后得到的数大了。后来，我们又让学生把用凑整的方法得到的结果和用四舍五入的方法得到的结果比较，学生发现差距不是很大。这个过程延长了学生再思考的时间，并放大了学生再思考的空间，从而使学生的估测意识和估测能力都有了相应提高。

当没有必要精确计算或无法精确计算时需要用估算，这就需要学生接受不精确。还有的学生不能够从整体综合考虑问题——没有把"舍"和"得"综合在一起考虑，总是有些舍不得。

数方格凑整的方法在学生的心目中已经扎根。对学生来说，凑整不仅有前期学习的基础，更有能够亲眼看见凑满整格的"精确感"。

另外，部分学生对用四舍五入这一常用的估算与估测的方法有异议；有的学生不能接受不能正好凑整的情况；还有的学生不能接受把接近 0 的部分看成 0，对存在的面积视而不见。

那么，在课堂上帮助学生在估测图形时综合整体考虑"舍"与"得"，深入体会每一种估测方法的合理性，是十分必要的，但学生能够接受吗？问题又在哪里呢？下面我们就通过课堂教学片段来观察一下前面分解的三个学习目标的落实状况。

2. **教学实施**

片段一　感受方格大小与估测面积误差的关系

师 ▶ 把这个不规则图形分别放到大方格和小方格的背景中，如果想让估测的面积和实际面积相差的尽量小一些，也就是想让误差小一些，应该选择哪一种方格进行测量？

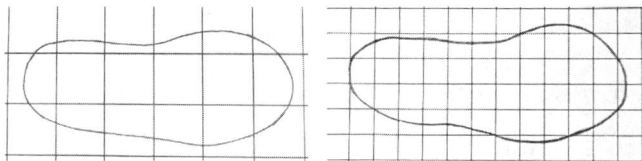

生1 ▶ 我觉得使用小方格误差会比较小，因为小方格是比较精确的，大方格是比较概括的。比如说，1 个大方格等于 4 个小方格，小方格就精确，而且拼起来后看得也比较清楚，不

会漏掉太多。大方格面积比较大，一块这么大的就融合了好几块这么小的。

生2 ▶ 我也觉得小方格精确一些，大方格有很多会拼不上。

师 ▶ 真的是小方格精确吗？我们一起来看看幻灯片：把大方格细分，用这个小方格估测，需要估测的面积——

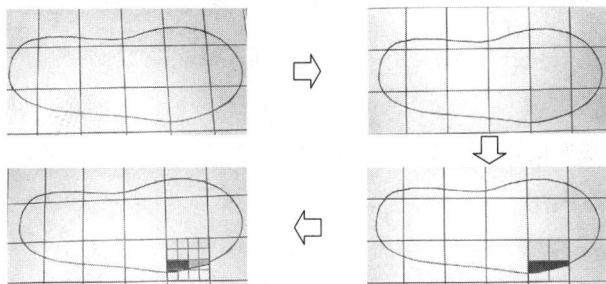

生 ▶ 变小了。

师 ▶ 再细分呢？

生 ▶ 要估测的面积又小了，因为整格又多了。

师 ▶ 如果我把方格接着再细分、不断细分，我需要估测的面积——

生 ▶ 会越来越小，误差也就越来越小。

师 ▶ 如果我希望估测的数值误差小一些，应该选择什么样的方格？

生 ▶ 小一点的方格。

师 ▶ 如果对数值要求不是很高，大致估一下就行呢？

生 ▶ 大一些的方格。

师 ▶ 到底是用大方格还是小方格？

生 ▶ 看估测时的要求。

针对分解的第一个学习目标设计此环节，让学生感受方格的大小与估测误差的关系，渗透无限思想、积分思想。

┌── **片段二　估测不规则图形的面积** ──┐

> 　　在前测调研中，有39.5%的学生不同意"四舍"，认为"明明
> 有面积，却被看成0，这不合理"，"舍"不得；却认同"五入"，
> 认为"得"是可以的。针对这一现象，在本环节中，师生共同体
> 会了估测图形面积的各种方法，并重点探究四舍五入方法的合
> 理性。

A. 凑成整格的方法：略。

B. 四舍五入法。

师 ▶ 这个同学在图上打了很多"×"，还画了一些"√"，你看
　　懂了吗？（见下图）

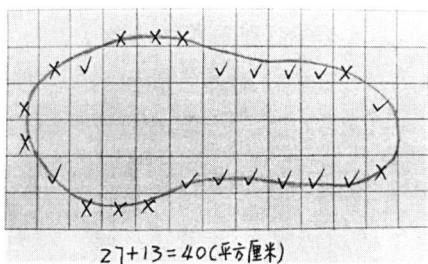

27+13=40（平方厘米）

生1 ▶ 这些"×"都是小于$\frac{1}{2}$格的，可以不算，看成0；这里"√"
　　代表把大于$\frac{1}{2}$格的看成1格，再数就行了。

生2 ▶ 我觉得这种方法不是很好，比如说这样就不行。（见下页
　　图）它的每个格里面都小于$\frac{1}{2}$，那就要记作0平方厘米了，
　　可是它还是有面积的。

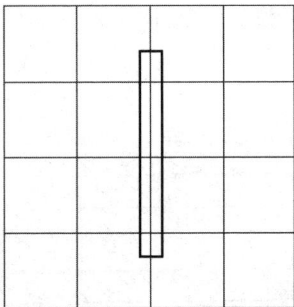

生3 ▶ 要看图形而定方法吧?

生4 ▶ 对这个图（指鞋印）我们来数数看，有11个格不算，13个格看成1个格，差不多。

师 ▶ 那这些格子中的面积小于$\frac{1}{2}$格，我们就看成0，不要了? 明明它们是有面积的。

生5 ▶ 我们本来就要估算，是可以有一些出入的。

生6 ▶ 虽然有11个格不要了，但是有13个格被看成整格了，这样就差不多了。

师 ▶ 原来我们有"舍"也有"得"。如果不够1格、小于$\frac{1}{2}$格，就看作0格；大于$\frac{1}{2}$格，我们就看作1格。如果正好等于$\frac{1}{2}$格呢? 我们就规定把它看作1格。我们给这种方法起一个名字，叫什么呢?

生7 ▶ 四舍五入法。

师 ▶ 看来不仅在数与代数中我们用到了四舍五入，在图形的估测中我们也用到了四舍五入。还有谁用到了这个方法?

C. 半格法。

师 ▶ 下面请同学们看这种方法。[出示图和算式：27+24÷2 = 39（平方厘米）] 你能解释这是什么意思吗?

生1 ▸ 27 就是 27 个整格，这里不够 1 格的有 24 格，24÷2 就是可以看成一半，有 12 个整格。

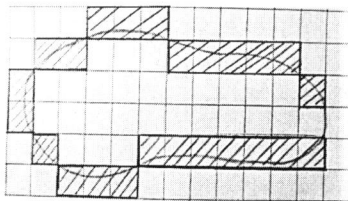

$$27 + 24 ÷ 2 = 39 (cm^2)$$

师 ▸ 这些格可不是一半，可比一半大多了，都快到 1 个格了，看成半格合理吗？

生2 ▸ 可是还有一些格，里面的面积非常小，不到一半，比一半小多了，正好可以和大于一半的格相弥补。

生3 ▸ 那些大于一半的空余的部分可以补到不够一半的格那里去。

生4 ▸ 那就是移多补少。

生5 ▸ 我觉得有些图的估算就不能用这个方法，比如这个图。（见下图）

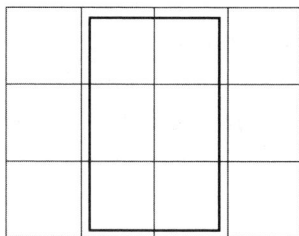

这里每个格都多，不仅多，而且多很多，没有少于半个的，就不能用。

生6 ▸ 没有少的去互补。

生7 ▸ 那这个图形的面积就被估小了。

生8 ▸ 这个图形也不行（见下页图），都不满一半，都看作半格的话就是 2 平方厘米，误差就大了。

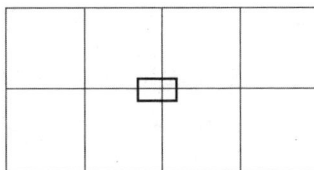

生9 ▶ 这些图不仅比半格小而且小得多。

师 ▶ 你们可真会辩证地看问题。是的，这个方法并不是对所有图形都适合，我们还要观察图形，根据图形的特点选择方法。那在这个鞋印的图形中可以用吗？为什么？

生10 ▶ 可以用，因为有的比半格小，有的比半格大，匀一下就差不多了。

师 ▶ 原来是这些格多算了，这些格少算了，有"舍"有"得"，就都可以看成半格。我们就叫它半格法。

> 此环节师生共同体会方法的合理性，探究误差的合理性，学生在活动中体会"舍"与"得"的关系，培养近似意识。

D. 看成近似的规则图形。

师 ▶ 还有这样做的同学。（出示看成长方形的方法，见下图）你看懂了吗？

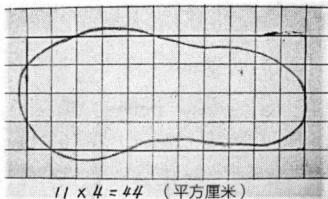

11×4=44 （平方厘米）

生1 ▶ 把这个鞋印看成长方形，用长乘宽也就是11×4就可以了。

生2 ▶ 我觉得看成长方形后，有很多不属于这个鞋印的面积也被算进去了，所以不合理。

生1 ▶ 可是我认为本来就是估算，允许误差存在。

生2 ▶ 看成长方形可以，看成这样的长方形就不合理，因为差得太多了。去掉一部分更合适，应把这些空余的小格去掉。（标记长方形内鞋印外的空白部分。）

生3 ▶ 要不然把上边鞋印外的面积都移到下边来，这样一起去掉后就看起来规则多了。

生4 ▶ 我觉得误差越小越好，还是去掉那些不在鞋印里面的小方格好。

师 ▶ 老师这样画一条线变成10×4的长方形，这一块面积不要了，行不行？

生5 ▶ 不行，那儿有好大一块鞋印的面积呢，去掉后误差太大了。

生6 ▶ 可以，虽然去掉了这一块，但还有不是鞋印的地方也算面积了呢。

生7 ▶ 虽然我们看着"赔"了一小部分面积，但是还有地方"赚"了呢。我们不是只赔不赚。

师 ▶ 没亏本，有赔有赚，这回我们可得舍得往下剪。

师 ▶（投影，见下面第一幅图）看成三角形行不行？可还有那么多鞋印面积在三角形的外面呢。

生8 ▶ 可是移多补少后面积差不多。

师 ▶ 看成这样的梯形行不行？（见下面第二幅图）组合图形呢？（见下面第三幅图）我们可以根据图形特点，把它们看成我们学过的规则图形来计算。

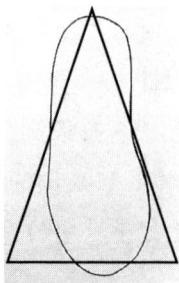

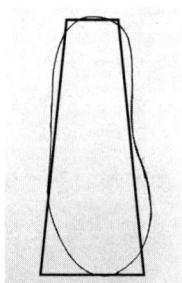

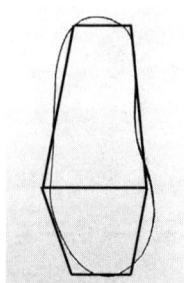

　　针对分解的第二个学习目标设计，体会估测不规则图形面积的不同方法，重点领悟方法的合理性，进一步体会估测中的"舍"与"得"，培养近似意识，渗透近似思想。

片段三　反思估测数值范围

师 ▶ 那我们刚才估测这个图形的面积最小是多少?（生：38。）最大是多少?（生：44。）我们班同学估测的范围是38—44。看这个图（见下图），有个同学估测是 6 平方厘米，你认为合理吗?

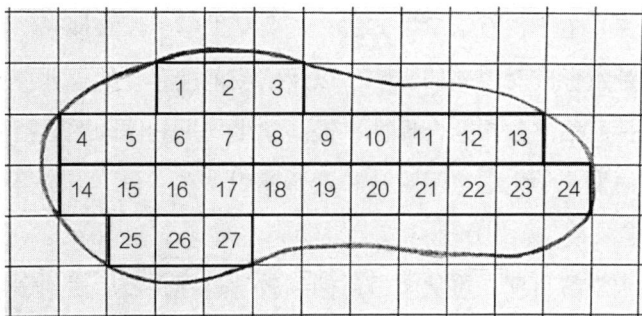

生1 ▶ 不合理，最小也得 27 平方厘米，不能再小了。

生2 ▶ 整格就是 27 格，就是 27 平方厘米。

师 ▶ 那最大大不过什么样的数据?

生3 ▶ （迟疑了一会儿）44、50、48、55。

生4 ▶ 都看成整格来数，顶了天了，最大也就 51 平方厘米，不能再大了。（见下页图）

师 ▶ 老师帮你数了，看……（生：51。）无论我对误差要求多么宽泛，最小小不过 27，最大大不过 51，在 27 到 51 之间。我们今天估测数据为 38—44，合理吗?

生 ▶ 合理。

> 师 ▶ 只要我们的方法合理，在要求的精确度不高的前提下，数据在合理的范围内就可以了。

教师在课堂上不仅教给学生方法，还要帮助学生深入探究估测方法的合理性，感受计量标准对误差的影响，以及估测范围存在的合理性。在方法合理的基础上探究估测数据的合理性，提高学生根据具体问题选择方法的意识和能力，从而发展学生的空间观念和近似意识，在"舍"与"得"的探究中较量、提升。

从问题到学习目标，再从学习目标到教学过程，最后回到学习目标，在这个循环中，学习目标始终起到方向标的作用。不能让学习目标成为教学过程的"摆设"，课上完了，学习目标却不见了踪影。因此课后的反思，我们还要回到目标——核查，看看哪些目标完成了，完成得怎么样，有欠缺的地方该如何弥补。对学习目标的表述也尽量要可执行可考察，既关注知识技能，又关注过程方法，同时要关注情感态度价值观。有些学习目标特别是能力发展的目标，虽然不是一节课就能实现的，但也要体现在目标当中，让自己始终明确学生最终应该走向哪里。

好的活动任务是一节课的灵魂

接下来要做的工作，就是如何基于聚焦的问题和学习目标，将学生的问题转化为教学问题，进行学习活动任务设计。活动任务是依据对教材的分析和学生的学情提炼出来的，既要体现学科本质，又要适合学生的认知特点。

《一代宗师》中有个经典的比武桥段，宫会长对叶问说："今天我们不比武术，比想法。"其实，好的点子或者想法是武术的灵魂，而好的活动任务（包含问题）也是一节课的灵魂。

一、学习活动任务要能够反映学习目标和聚焦的问题

课堂教学目标的准确把握和定位，对于教学设计和教学活动实施最为关键，是一节课的灵魂所在。针对同样的学习内容，目标不同，聚焦的问题不同，教师设计的教学任务不同，教学效果自然不尽相同。[①] 因此在进行学习活动任务设计的时候，也要紧紧围绕学习目标和聚焦的问题进行。

下面以"长方体的体积"[②] 为例进行阐释。长方体是小学阶段第一次学习的立体图形，其体积公式的推导要经历最原始的数体积单位块的个数的方法（简称"数数法"）。但在以往教学中，数数法往往被"一带而过"，学生很快就进入利用公式计算体积环节。由于数数不充分，数数过程中就不能暴露学生的思维困惑与障碍，导致学生最终还是"记忆公式、简单套用公式解题"，遇到稍微复杂的问题就一筹莫展，毫无解题策略。

---

① 杨玉东. 在学习目标导向下改进教学任务设计：以人教版小学数学五年级下册"统计"第一课时为例［J］. 课程·教材·教法，2012（7）：98–102.
② 执教者：北京市海淀区七一小学朱凤书。

基于对学习目标的思考，我们可以把本节课的主要问题定位为两个：

问题1：如何理解"体积是对三维空间的度量"？

长度、面积、体积的单个概念都是对图形的度量：长度是对一维空间的度量，面积是对二维空间的度量，体积是对三维空间的度量——所谓度量，就是计算物体中包含多少个度量单位。事实上，很多学生知道长方体的体积公式＝长 × 宽 × 高，因此缺乏探究的欲望和兴趣，更不愿意深入思考长、宽、高这些一维空间的量与用体积单位小木块来度量体积之间的关系。因此，本课用体积单位小木块来度量长方体体积，力求唤起学生的学习经验，让学生在探索规律的过程中对"体积"进行再认识，体会"体积单位""物体体积"以及它们之间的数量关系。

问题2：如何体会体积单位与要度量的长方体之间的关系？

教学中，我们通过设计操作活动，帮助学生体会体积单位与要度量的长方体之间的关系，在发现公式的过程中发展空间想象力。围绕学习目标和聚焦的问题，设计了如下两个核心活动。

活动一　按所给长、宽、高的数据去摆"体积单位块"，然后想象所摆出的长方体的样子

师　▶ 上节课我们认识了一些体积单位，请一起来看大屏幕（从上面掉下一个正方体）。这是1立方厘米的正方体，你能接着数下去吗？

（1）课件出示：1立方厘米的体积单位块 ▱。

（2）课件动态演示：从上面一个一个、多个多个地落下一堆1立方厘米的体积单位块（出现的速度很快，学生数不清楚到底有多少个，见下图）。

当学生期望这些体积单位块摆放整齐的时候，课件动态演示：散乱的体积单位块有序地排列成长方体。（见右图）

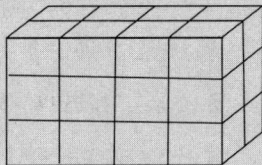

师 ▶ 现在我们摆得整齐了，和刚才这堆体积单位块的体积相等吗？为什么这样更好数清个数？

师 ▶ 咱们把这些散乱的体积单位块有序摆放成一个长方体（课件同时隐去"体积单位块"，只剩下长方体图形），就容易数出体积单位块的个数了。今天，我们就来研究如何求长方体的体积。（板书：长方体的体积。）

从"散乱无结构的体积单位块的堆积"到"有行、有列、有层（有结构）的体积单位块的堆积"，这个活动的目的有三：一是激发学生数数的兴趣；二是为将给定的长方体进行"结构化"（沿着长、宽、高平均分割，得到体积单位块的堆积），从而发现体积公式，积累"分块"的经验；三是体验体积的守恒性，即物体没有增加或减少时，体积值不受物体形状的影响。

活动二 给出长方体的立体图形，再想象沿其长、宽、高摆出来的样子，想办法找到这个长方体框架所围成的空间的大小（即长方体的体积）

师 ▶（出示一个长方体框架）估一估，这个框架围成的长方体的体积是多大呢？

活动要求：借助1立方分米的体积单位找到这个长方体的体积。

预设学生可能有以下几种方法。

方法1：长、宽、高相乘，得到体积单位个数。

方法 2：用一堆 1 立方分米的小正方体，逐层拼摆满。

方法 3：只沿着长、宽、高摆。（见下面左图）

方法 4：用较大的体积单位，如 1 立方米来测量。

方法 5：复制一个同样大的长方体，数出体积单位的个数。（见下面右图）

方法 6：用标记、线或者皮筋分割原长方体为若干个体积单位，然后再计数。

……

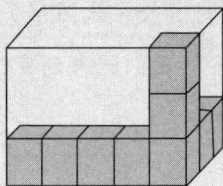

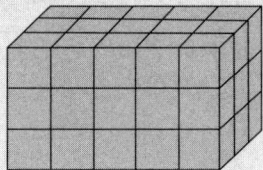

该活动提供了一个长方体框架和一些体积单位小木块、彩笔、线绳等材料，让学生自己探究这个框架围成的长方体的体积，充足的材料为不同学生的探究方法提供了可能。框架的选取既有利于学生"填充""复制"，又有利于引导学生关注长、宽、高这三个基本要素，同时有利于培养学生体会体积就是空间的大小这一本质。在师生交流的过程中，学生能够逐渐体会数出长、宽、高上的体积单位个数是解决体积问题的关键，从而透彻理解体积的计算公式。

这两个活动的设计有效解决了学生学习长方体体积时"只知其然，不知其所以然"的问题。教师没有急于奔向长方体体积公式这个大部分教师认为的目的地，而是将发展学生空间观念、理解体积的度量属性作为活动设计的目标。学生经历了两次数的过程。第一次数是建构长方体的过程，将长方体拆分成一个个可以数的空间。第二次是给出了长方体的框架，先让学生估一估，估计的过程就是对空间大小的体会；然后借助体积单位进行度量。经历了第一次数的过程，我们发现学生再次数的时候方法变得多样，思路也变得开阔起来。

二、学习活动任务要聚焦学情分析中发现的问题

在教学"11—20 各数的认识"[①] 时，我们发现虽然 100% 的学生会读写 20 以内的数，甚至能按照顺序有规律地继续写下去，看似学生已经全"知道"了，但却有 55.3% 的学生不能把符号和小棒图像建立联系。这说明他们并没有真正理解符号的意义，他们在头脑里，依然把 14 这个符号等同于之前学过的 0—9 这 10 个符号，他们几乎没有位值观念。（见下图）

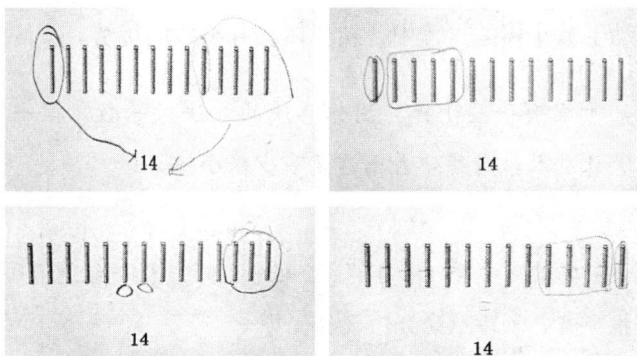

当教师出示如右图所示计数器，请学生用它表示 12 时。随机抽取的 10 名学生都管它叫算盘，都知道个位和十位，但仅有 2 名学生不仅能正确表示出来而且能讲得非常清楚。而另外 8 名学生虽然都曾经听过家长的介绍，但只是停留在知道或者听过成人的简单讲解上。这 8 名学生中，1 名学生是把 12 个珠子都放在了个位；3 名学生在十位放了 10 个珠子，个位放了 2 个珠子；1 名学生在个位放了 10 个珠子，十位放了

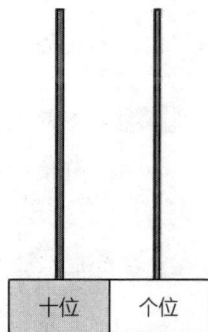

2 个珠子。这说明他们的数位和位值观念还很模糊或者几乎没有。如果我们能让学生从小棒图像抽象到用计数器表示数，对二者建立联系，那么学生对

―――――――――

[①] 调研者、执教者：北京市海淀区上地实验小学吴金华。

符号意义的理解就会变得水到渠成了。

基于这样的学情调研结果，本节课可以聚焦两个问题：

问题1：如何让学生建立10个一是1个十的观念，体会以十为单位的优势？

问题2：如何让学生在活动中逐步建立位值观念？

针对这两个发现的问题，设计了捆小棒、找位置、放珠子等学习活动，让学生在此基础上认识数位，沟通联系。

⌐活动一　捆小棒⌐

（1）在动手数小棒的过程中，初步体会分组数的优势。

> **师** ▶ 袋子里有一些小棒，用你喜欢的方法数一数、摆一摆，能够让别人很清楚地看出这是多少根小棒。

> 预设：学生可能会1根1根、2根一组或5根一组地数……
> 汇报交流：初步感受分组数的优势。

（2）经历数更多小棒的过程，建立10个一是1个十的观念，体会以十为单位数的优势。

> **师** ▶ 老师这儿也有一些小棒，它们一共是多少根呢？怎么数啊？赶快给我出出主意吧。

> 预设：学生可能会2根2根、5根5根或10根10根地数。
> 学生根据自己的想法数一数。

> **师** ▶（分别介绍学生的方法，整体呈现后追问）用哪种方法能很快就知道是多少根？

> **师** ▶ 人们为了方便，就把10根小棒给捆起来了，这样10根零散的小棒变成了1个十，10个一捆成1个十。

师 ▶（小结）10 根 10 根地数，再捆起来，用 1 捆和 1 根能更清楚地表示出 11。

活动二 找位置

（1）组织游戏。

师 ▶ 老师提供很多 10 根一捆的小棒和一根根的小棒，还有 2 个桶，怎么放能让别人又快又清楚地看出是 11 根呢？

学生独立思考之后，教师随机选 4 人参加。要注意选取位置分散的学生，避免互相干扰。

（2）根据学生的情况进行处理。

预设：大多数学生都会这样 1 捆 1 根地表示。

师 ▶（追问）为什么你们都觉得这样放更清楚啊？（也可能有的学生方法不一样，那就要相应地处理一下。例如，对 11 根小棒散放的情况，可以引导学生：看来还是这样成捆的更清楚。）

师 ▶（小结）用 1 捆和 1 根表示 11，又快又简便。

活动三 放珠子

在没有标十位和个位的计数器上表示 11。

有一个盒子，里面有各种各样的珠子，选择什么样的珠子能够又简单又清楚地表示出 11 呢？（学生的方法可能多种多样，根据情况随机处理，注意跟小棒图像的对应。）

> 预设：① 10 个和 1 个。
>
> ② 可能颜色不同或 1 大 1 小。
>
> ③ 相同的 1 个和 1 个。

师 ▶（学生汇报后追问）2 个相同的珠子怎么就表示出 11 了呢？

你是怎么想的？这边这 1 个怎么就能表示 10 个了呢？

许多一年级的学生早早地就学会了"数数"，甚至数到几百几千都不在话下。学生会数数了，就代表真的理解数的意义了吗？数的认识看似非常简单，但数背后蕴含的却是在人类历史上经历了长期的发展才积淀而成的十进位值制。显然教师认识到了这一点，学生的学情调查也显示了学生对数学思想的感悟还有一定距离。

北师大版教材从一年级到四年级都安排了"数的认识"的内容，可见学生对十进位值制的理解不是一蹴而就的。那我们如何让一年级的学生能够有所体会？案例中教师采取的方式是让学生充分经历数的过程，捆小棒，放珠子，这一"捆"一"放"之间，就突破了语言的限制，把抽象的思想变得具体可操作。

三、学习活动任务要激发学生的问题意识和数学思维，凸显学科本质

数学课要让学生切实体会到数学是人类实践过程中的创造。数学学科育人的过程，是激发学生好奇心、求知欲，实现高质量的学生思维、情绪和感受的一系列经验重组的学习过程，也是保证数学核心素养落地的过程。生活中的真实问题能够更好地激发学生主动探究的欲望，让学生学会用数学的眼光观察世界，用数学的思维思考世界。因此，学习活动任务要聚焦生活中的问题，激发学生的问题意识和数学思考。

以"圆的认识"[①]一课为例，北师大版教材六年级上册"圆的认识（一）"是学生研究曲线图形的开始，是对图形认识的又一次飞跃。圆的特征不像直线图形那样外显，可以从边的数量、长度、位置关系以及角的数量、度数等角度进行观察、描述和刻画。对于圆，学生能直观地看到它是由曲线围成的，没有棱角，但这只是圆的外在特点，它的内在特征更隐蔽，是"藏"在图形里的。如何设计有挑战性的活动任务，帮助学生从对圆外部的关注走进对圆内部结构的关注，让学生"看见"藏着的圆的半径，理解圆"一中同长"（从圆心到圆上任意一点的距离都相等）的本质特征，是摆在教师面前的一大难题。考虑到学生对于生活中的圆并不陌生，圆在生活中随处可见，因此，教学中让学生从生活中平常的小事入手去发现问题、分析问题，将会是激发学生数学思考，从而把握数学本质的一个很好的契机。创设真实、有趣、有用的问题情境，将社会发展新成就、科技进步新成果，有机融入学生的数学学习进程，是发展数学核心素养的有效途径。

活动一 车轮为什么是圆的？——初步探索圆的特征

开始探索活动前，教师演示自行车的演变过程，激发学生思考日常生活中最常见的事物背后蕴含的数学道理；提供圆和其他图形，引导学生想象骑上轮子是各种形状的车子会怎样。（见下图）

师 ▶ 圆到底有怎样的特点？我们就亲自动手做个实践活动，深入研究一下。

---

① 执教者：清华大学附属中学上地小学王向征。

师 ▶ 用这些不同形状的硬纸板代替车轮，车轮的中心记为 A 点，车轴就装在 A 点处，用铅笔穿过 A 点。用这些"车轮"沿直尺边滚一滚，描出 A 点留下的痕迹，看看你有什么发现？

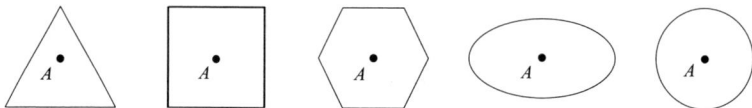

师 ▶ 通过研究这些图形的滚动过程以及 A 点留下的痕迹，大家有怎样的发现？

生1 ▶ 其他图形中心点留下的痕迹是上下起伏的，像波浪一样；圆形的中心点留下的痕迹是一条平直的线。（见下面左图）

生2 ▶ 除了圆，其他图形的中心点到地面的距离不是一样长的，有长有短。（见下面右图）

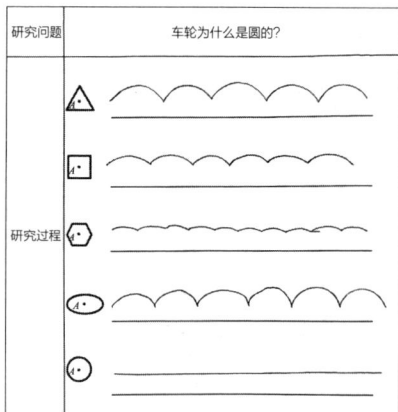

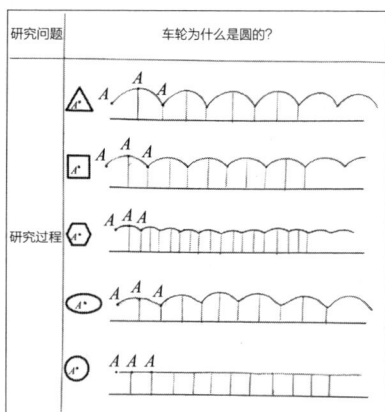

生3 ▶ 我发现其他图形滚动时，从中心出发的线在变化。比如说从正方形中心到四周的距离是有变化的，有长有短。只有圆从中心到边上的距离都相等。（见右图）

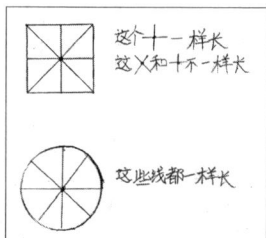

教师再通过一个动画演示这几个图形的滚动过程，引导学生关注 A 点是如何运动变化的，以及为什么会出现这样的变化，并呈现下面的分解动作图，引导学生观察从三角形的中心点到边和到顶点的距离是不同的，当它运动到不同状态时，A 点就会呈现出上下起伏的样子。但是从圆的中心点到圆周上各点的距离都相同，所以无论圆怎么滚动，都是平稳的。这就是圆所具有的独特特征，也是选择圆形作为车轮的重要原因。

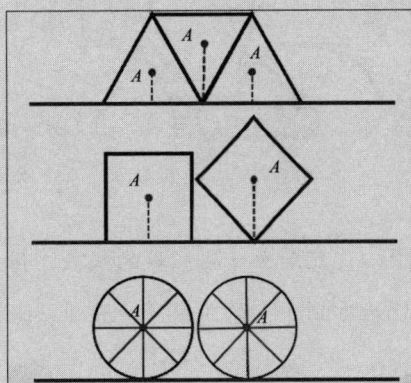

在经历这样的过程之后，让学生自己给圆下个定义，用尽量简洁的语言概括一下圆的本质特征，从而引出圆的本质特征"一中同长"这句话。这是战国时期著名的思想家墨子说的。简短的几个字就概括出了圆的特征，看来古人很早就对圆的特征有了深刻的认识，我国古人的智慧令人赞叹。

在分析和完成这个活动任务的过程中，学生对问题的探索是步步深入的，对每个问题的解决又伴着对下一个新问题的发现："为什么只有圆形车轮行驶是平稳的？""为什么只有圆中心点留下的痕迹是一条平直的线？""为什么只有圆形 A 点到地面的距离是相同的？"为此，先是让学生画出几种图形车轮中心点的运动轨迹，再探究几种车轮中心点的运动轨迹，通过比较车轮中心点的运动轨迹的不同，发现不同形状车轮的中心点在行进中的高度不同。通过对比研究，初步探索出圆所具有的"一中同长"的特征。

活动二　如何给自行车"装上"圆形车轮？
——深度体会圆的特征

出示一辆没有车轮的自行车，引导学生思考如何给自行车装上轮子。（见下图）

生1 ▶ 确定一个中心，然后画4条相等的线段。但是它还不够圆，因为从其他地方到中心的距离不一样长。（见下图）

生2 ▶ 我画的圆就圆多了。我画更多到中心相等的线段，精益求精。要保证非常非常圆，就要画无数条。

生3 ▶ 他们都是借助圆的特点来画的，就是从中心到边上的距离都要相等。

生4 ▶ 我是用圆规画的，画圆时要将圆规的尖牢牢地钉在圆心的位置，然后把两腿张开一个合适的距离，手指转动圆规，铅笔绕中心旋转一圈，就行了。

生5 ▶ 我也是用圆规画的圆，就是没有她画的好。我画的圆有时封不上口。

生6 ▶ 我知道问题出在哪儿。圆规两脚张开的长度一定不能变，而且圆规的尖要固定不能动，这样才能画好圆。

　　第二个活动任务是如何给自行车"装上"车轮，给学生提供一个开放的空间，让学生大胆探索画圆形车轮的方法。学生展开想象，创造出了各种不同的画圆方法，最终通过对比发现，虽然表面上画圆的方式不同，但本质上都要做到"一中同长"。

┌─ 活动三　怎样才能设计一个对大家都公平的套圈游戏？ ─┐
│ 　　　　　　——借助圆的特征创造 │
└────────────────────────────┘

　　　　教师提出，淘气想给大家设计一个套圈游戏，怎样的设计才能对大家都公平呢？出示两幅图，第一幅图是大家都站在同一条线上，第二幅图是大家站成一个正方形。（见下图）

生1 ▶ 第一幅图不合理。因为不公平，大家到小红旗的距离不相等。点到直线的距离是垂线段最短，所以中间的同学离小红旗最近，越往外面的同学离小红旗越远。

生2 ▶ 第二幅图的方法也不公平。中间的小朋友比在正方形顶点处的小朋友近。

生3 ▶ 我觉得应该以小红旗为圆心画一个圆，大家站在圆周上套圈，这样才公平。因为圆周上的点到圆心的距离处处都是相等的。（见下图）

师 ▶ 看来设计这个套圈游戏，仍然是依据了圆的特征——一中同长！（播放幻灯片：动态呈现圆周上各点到小红旗的距离都相等。）

师 ▶ 如果我们把这些小朋友的位置都看成点，那现在大家对圆又有了哪些新的认识？（见下图）

生 4 ▶ 圆是由无数个点组成的，这些点到圆心的距离都相等。

生 5 ▶ 明白了，圆就是由无数个到中心点距离相等的点组成的图形。

生 6 ▶ 圆很神奇，圆很独特，和以前的图形都不同。

生 7 ▶ 圆很有意思，也很美。

师 ▶（小结）古希腊著名数学家、哲学家毕达哥拉斯说过这样一句话：一切平面图形中，最美的是圆形。请同学们继续探索这个神奇又美丽的图形，相信你还会有更精彩的发现。

第三个活动任务是怎样才能设计一个对大家都公平的套圈游戏，借助圆的特征去解决生活中的实际问题，在解决问题的过程中又从另一个角度理解了圆的本质特征。

┌─ 活动四　今天的研究活动给了你怎样的启发？ ─┐
│　　　　——激发问题意识和好奇心 │
└─────────────────────────────┘

师 ▶（和学生一起回顾探究的过程）我们关注生活中最平常的现象，提出了问题"车轮为什么是圆的"，抓住这个问题深入研究，促使我们对圆的特征有了深刻的认识。

> 再向学生呈现潜水艇、魔术贴和接种牛痘的图片。（说明）其实人类的很多发明创造都是从关注生活中的平常小事开始的。鱼能在水中自由沉浮，启发人们发明了潜水艇，开启了人们对水下世界的探索。动物的皮毛上容易沾上芒刺，促使人们发明了魔术贴，大大方便了人们的生活。挤牛奶的女工只得轻微的天花，启发人们发现了"接种牛痘"的办法，拯救了无数人的生命。引导学生要对平常的生活现象始终充满好奇心和求知欲，去深入思考，勇于尝试，创造更美好的世界！

这节课，教师设计了有挑战性的活动任务，让学生一步步深入圆的内部，在"做"中获得对圆的洞察，认识圆的本质特征。四个富有挑战性的活动任务，帮助学生从对圆外部的关注走进对圆内部结构的关注。

好的活动任务是一节课的灵魂，活动任务要指向学习目标和问题，激发学生思考，凸显学科本质。一节课的学习任务不在于多，设计两到三个主要的活动任务即可。几个主要的活动任务的展开过程就是学生建构数学概念的过程，是学生学习的过程，同时是目标达成的过程。在活动任务之下，我们可以再进一步地细化教师课堂中要提出的问题，将活动任务转变成教师提出的一个个问题，这样一节课的框架也就初步显现了。

设计切实可行的评价内容

——以"什么是面积"为例

在进行过基于问题的教学设计、实施后，学生掌握的程度如何？是否达到了我们期待的目标？通过学生的课堂表现、学生作业等，教师能有一个大概的判断。另外，我们也可以结合学习目标、学习内容、不同学生的情况等，设计切实可行的评价内容，根据评价结果了解目标落实的情况。

进行基于问题的教学评价设计，首先要对照学习目标，针对我们发现的问题，思考通过什么方法、用什么内容可以说明学生已经达到了我们预期的目标，并在此基础上设计评价内容。

以北师大版教材三年级下册"什么是面积"一课为例，结合学生调研和教师用书的目标，确定这节课的学习目标有三个方面：（1）结合具体实例，认识面积的含义；（2）经历比较图形面积大小的过程，探索比较图形大小的方法，体会面积是度量的结果，积累比较图形面积大小的经验；（3）在比较图形面积大小的过程中，发展空间观念。

调研中，我们发现学生存在的问题是：学生容易将"周长"和"面积"混淆，有的学生会误认为周长相同的图形，面积也是一样大的。针对学生出现的问题和学习目标，我在课堂上开展了三个活动：借助生活中的物品让学生感受物体表面的大小是面积，再借助直接比较、间接比较的过程让学生感受面积的可度量，最后通过描、画的活动引导学生进一步感知封闭图形的大小就是面积。（案例详见本书第四章。）

经历了这样的学习过程，学生是如何理解面积的？学生比较不同图形的大小有哪些方法？学生是否能够区分周长和面积呢？为此我设计了四个题目，以了解是否达成了学习目标，学生的问题是否得到改善。题目1和题目 2 对应学习目标一，通过举例说明面积含义和判断哪个图形有面积两个方面，了解学生对面积含义的理解。题目 4 对应学习目标二，以了解学生是否会想到用面积衡量图形的大小，有哪些方法进行比较。题目 3 对应学生的问题，以了解学生经历的学习过程，学生是否还会混淆面积与周长。没有设计对应目标三的题目，主要考虑空间观念的发展并不是靠一节课实现的，需要长期积累。

题目 1：用你自己的话举例说说什么是"面积"。

【设计意图】在本节内容的学习目标中，第一条就是"结合具体实例，认识面积的含义"。题目 1 是让学生用自己的话举例说说什么是"面积"。从理解的角度，如果学生可以举例，或者能够用自己的语言去复述一个内容，都是学习者对所学内容达成理解的一个表现。比如，有学生说"数学书封面的大小就是封面的面积"，"药盒六个面的大小是药盒的面积"，这样就可以判断他明白物体表面的大小是这个物体的面积了。

题目 2：下面的图形有没有面积？有的话用水彩笔画一画。

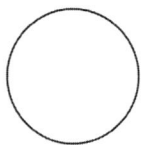 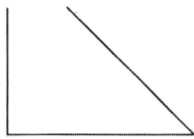  

①　　　　　　　②　　　　　　　③　　　　　　④

【设计意图】这道题目主要考查学生是否关注了"封闭图形"这一要素，学生对于物体表面的大小比较容易理解，因为物体是实实在在存在的。相对而言，图形更为抽象一些。这道题目给出了四个图形。图形①和图形③都是封闭图形，但是图形③是不规则的封闭图形，可能会有学生对于不规则的封闭图形的面积有困惑。图形②和图形④都是不封闭的图形，如果学生选择图形②和图形④，说明他还没有意识到只有封闭图形才可以度量面积。

题目 3：甲、乙两人同时围着各自场地的边线跑一圈，甲输了，他嚷嚷着说不公平；两人又同时比赛扫地，甲又输了，他仍然说不公平。你觉得公平吗？为什么？

【设计意图】这是一道比较经典的题目，主要考查学生是否知道面积是指的哪部分的大小。学生往往容易认为周长相同的面积也相同，同样也会误认为甲所在的区域面积大，周长就长。无论学生怎么说，只要他们能明白周长指边线的长短，面积指边线里边面的大小即可。

题目 4：下面哪个图形的面积大？为什么？

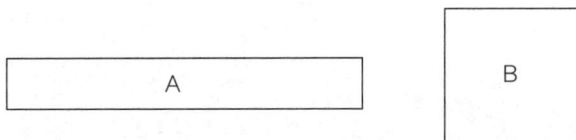

【设计意图】学生需要选择一个标准来说明图形的大小，在选择标准时就可以考查学生是否知道面积是度量的结果。学生通过画同样大小的长方形、正方形或把两个图形重合比较都是可以的。在这个过程中，如果学生通过计算周长判断面积的大小，要进行追问，看他是不明白面积指的是哪儿的大小，把面积和周长混淆了，还是误认为周长长的面积就大。因此，这道题目也附带考查学生是否知道面积指的是图中哪部分的大小。

最后，我们可以通过学生的课堂表现、作业、评价题的答题情况，综合判断学生的目标达成情况。

这里我们仅契合"什么是面积"的学习目标呈现了几道评价题目。需要说明的是，对于课堂学习效果的评价，后测题只是一个方面或者说是手段之一。很多时候可靠的评估往往需要借助测试、课堂观察、作业分析、访谈等多种方式进行综合判断。即便只是用一组题目进行测试，每道题目之间也不是泾渭分明的，有时一道题目承载多个目标的考查任务，有时一个目标需要通过多个题目来体现。同时，评价既是对一节课学习效果的考量与总结，又是帮助我们发现新的问题、制定后续学习目标的新的开始。基于问题的教学就是这样一个循环往复、螺旋上升的发展过程。

第三章

如何塑造基于
问题的课堂

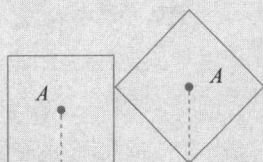

学习如果具有思想、感情、创造、美和游戏的鲜艳
色彩，那它就能成为让孩子们深感兴趣和富有吸引
力的事情。

——苏霍姆林斯基

教育心理学表明，学生的思维过程往往是从问题开始的，好问题对于促进学生深入思考、自主建构知识，培养学生的核心素养和关键能力，会起到非常重要的作用。基于问题的课堂，要站在学生的角度思考教学问题；要呵护学生的热情与好奇心，耐心倾听，营造暴露问题的空间；要积极等待，细心观察，发现课堂中的问题。

基于问题的课堂，也要重视学生提出的问题，因为学生自己的问题是有温度的、充满成长智慧的；要将问题与学习活动巧妙融合，使每一个问题成为学生思维的阶梯，帮助学生由表及里、由浅入深地进行探究，让学生在问题中学会思考与发现，最终走向融会贯通、深度学习。

基于问题的课堂，还要关注学生情感的体验、价值的引导和意义的追寻，希望学生获得的是"有情有义"的、系统的、结构化的知识，是有着迁移力量的方法和思维方式。学生通过课堂中的学习来认识自己，理解他人和社会，理解学习的意义，并形成一定的价值观念。

呵护学生的热情与好奇心

我们要培养的是未来社会的建设者和接班人，他们的学习状态、学习能力、学习发展等，不仅关乎个体生命的综合素养，更关乎祖国的未来。而学生的成长，离不开教师的引领与帮助。从某种意义上讲，教师怎么教，学生就怎么学，甚至怎么活。因此，基于问题的课堂，是让学生主动发展的课堂，要从学生视角实施学习活动，多给他们独立思考、合作、分享的时间，注重呵护学生的学习热情和好奇心。

我在 2000 年教学时的一个课堂故事特别印证了这一点。

一、"摘"苹果的故事

一年级刚刚开学不久，我发现班里很多学生都喜欢画画，并且画得不错。于是我就想，这么好的资源不好好利用岂不可惜。于是在学习"0 的认识"一课时，我就决定偷一次"懒"，既不做课件，也不做教具，让学生尝试自己画。

上课了，我请学生们帮忙，在黑板上快速画好一棵大苹果树。学生积极响应，争相来画。我找了一名学生上来画，发现其他学生有点失望。于是，我就请上来的学生画树的轮廓，又找了几名学生帮他画苹果。不一会儿工夫，一棵大苹果树画好了——尽管不是特别漂亮，但从学生们欣喜的目光中，我发现大家都很喜欢，也很兴奋。

我随手在每只苹果上写下 1—9 这几个数，问："谁能提个问题，请小朋友根据你提的问题来摘苹果？"

我的原意是想启发学生提"比几大""比几小"的问题，以复习数的大小，同时让学生经历全部苹果被摘掉的过程，感知"没有"的含义，建立数感。

谁知第一个站起来的小柱说："谁能用手把苹果'真正'摘下来？很难吧？谁会？"他把"真正"二字说得又慢又重，两只眼睛挑战似的在教室里扫了一圈，把全班同学的热情全调动起来了。

我当时想：画在黑板上的苹果怎么能真摘下来呢，这孩子不是在故意刁难吗？这个问题没多大价值。刚想开句玩笑，把这个问题"枪毙"，却发现有几名学生举手，很自信的样子："我能！"

我想，标新立异、别出心裁是孩子的乐趣。他们的很多不同于成人的"新"的想法和做法，有时在我们看来是不可思议的。但是，孩子的每一点发现，都是他们积极思考的结果，是他们内心世界的真实反映，也是他们创造的源泉，需要我们精心地呵护。所以，我示意小柱点将。

第一个上场的是小强："老师，有彩笔吗？"

"没有。"

"还是用我的吧。"一名学生说。

只见小强在手心里飞快地画了几下，用另一只手把黑板上的一只苹果擦了，然后亮出手心里的苹果，看着小柱。全班学生哈哈大笑。我说："小柱，你满意吗？"小柱非常严肃地点点头。

第二个是小瑞，他紧接着上去做了几下擦的动作，接着张开嘴，说："吃了。"（还是这小家伙懂得老师，知道我这些苹果是有别的用处的。）

小迅跟着跑上去，擦掉一个，马上在树下画了一个同样的。他说："苹果熟了，掉地上了。"

小柱高兴地说："我很满意。"

下边的学生很激动，我也被感染了：哇！这就是"真"摘呀？我明白了什么是童话世界！

我接着说："我想提个问题，谁能把比 6 大的苹果给摘下来？"

第一个应战的是小君，一个文静的小女孩，她擦掉 8，然后问："我摘得对吗？"

学生在下面嚷："还有 9 呢!"（刚才 7 已经被擦掉了，只剩 8 和 9 了。）

小怡："老师，我能一下子摘两个吗?"

本来我想让学生摘完 8 和 9，再模仿我的样子提问，想不到学生问了这样的问题。

只见她擦掉了 4 和 3，解释说："4+3=7，7 大于 6!"（这小家伙能创造性地解决问题了。）

小强："我也能摘两个，老师，保准你们看不明白。"

他上去先擦掉了 1 和 5，又随手亮出两张排在一起的分别印有这两个数字的学具卡片："看明白了吧? 15 就是比 6 大!"

这孩子，他上去的时候神神秘秘地用一只手捂着口袋，原来藏着东西呢。

小雨："我只摘一个就行了。"（只剩 2 和 6 了，看你怎么摘!）

他飞快地擦掉 6，然后亮出学具卡片 6："看，倒过来就是 9，9 比 6 大!"

最后剩一个 2 了，我说："我也想摘一个，我要把这个比 6 小的摘掉。"学生笑嘻嘻地看我摘完，高兴地说："没了。"

二、教学后的反思

基于问题的课堂首先应该让学生感兴趣，感到好奇，心理自由，心灵开放。也就是说，教学应该建立在尊重和相信学生的基础之上，不管学生有多小。在这样的前提下，学生才会敢想、敢说、敢做。在这样的情境中，学生已有的生活经验、知识技能才会被激活，创造思维的火花才会燃起! 这节课中，学生用自己的所学、所思为课堂情境的创设创造了物质环境，同时他们也成为情境本身。他们在给大家带来美的享受的同时，也体验到了创造的惊喜。这里，有教师式的学生，也有学生式的老师，大家"教学相长"，其乐融融。尽管一开始学生提的问题不是数学问题，但解决问题的过程放飞了学生的想象，发展了学生的创新意识和发散思维能力。他们虽然没有思考数学，却在数学地思考。所以，为此花一点时间也是值得的。

儿童是一本耐人寻味的书，童心是有待挖掘的重要的教学资源。他们的一举一动、一言一行，都需要也很值得我们反复体察，细细品味。不断地读，就会不断地发现童心里深不见底的一面，也会有更多的惊喜和感悟产生。

本节课中，学生用自己的方式"摘"画黑板上的苹果、找比 6 大的苹果时的那种无拘无束，让我在笑过之后，更深刻地意识到呵护学生的学习热情和好奇心是多么重要。通过寻找学生的问题，我更加了解和理解"儿童"这两个字的意义，也更能跳出成人世界习惯的成见，去感受他们，理解他们。有人说，人一长大，就再也没有能力了解孩子的世界。连带的，我们也意识不到孩子是用另一种方式在看世界的。但小学老师要有能力去了解孩子，要参与到他们的世界中，这是小学老师的功课。

孩子是很喜欢生活在童话世界中的，他们喜欢在里边长时间地待着，他们能在现实和虚拟的世界自由地来回切换，而且乐此不疲。这种喜欢需要我们呵护和保护，因为这关乎孩子们的学习热情、好奇心和想象力，关乎孩子们的精神成长。蒙台梭利说过："我们对儿童所做的一切，都会开花结果，不仅影响他的一生，也决定他的一生。"所以，当你比较投入地对待学生、给他们更多时间和空间的时候，学生也会给你更多的包容和支持，会更投入地去学习、钻研。

耐心倾听，营造暴露问题的空间

　　基于问题的课堂，强调教师要认真倾听学生，透过倾听，更好地了解学生的困难点和兴趣点。当学生表达自己对问题的理解时，教师要注意倾听，了解学生是否真正理解了；学生交流讨论时，教师要注意倾听，弄明白学生对活动任务的解决思路；学生不知所措时，教师要注意倾听，请学生把自己的困惑说出来，在此基础上进行引导。有时，我们也要倾听学生的故事，倾听他们的快乐与烦恼，与他们同频共振。与其说倾听是基于问题的课堂的一种教学方式，不如说它是一种教育理念：教师要通过倾听真正走入学生，把学生的问题当作课堂的根基，再透过一个个活动，让课堂丰盈起来。

一、倾听学生的故事，让课堂学习更灵动、深刻

　　一次，我上一节有关面积的复习课，在做过几道题目之后，小刚说："老师，我给大家讲一个比萨的故事吧，您用这个真实的问题测试一下同学们学得怎么样。"

　　他的故事是这样的。一次，他和爸爸去吃比萨，他们想要一个 12 寸的，服务员说："抱歉，12 寸的已经卖完了，两位可以点一个 9 寸的加一个 6 寸的。（见下图）现在这两种都有优惠，打折后总价正好是一个 12 寸的价

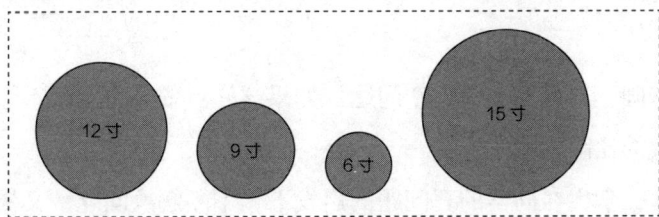

钱。9 寸的加 6 寸的比 12 寸的还大不少呢，多合算呀。"爸爸和小刚都觉得她说的有道理，就同意了。

可是，吃着吃着，小刚爸爸觉得不对，就拿了一支笔，在纸上画了画，画完后又叫回了服务员，说："你说的不对。"这时，餐厅经理走了过来，听完事情的经过后，对小刚和小刚爸爸连连道歉，又赔给他们一个比萨。

这里，服务员的误区在于，她认为两个圆的直径之和等于它们的面积之和了。我们就以这个故事为原型，提出了大家要思考的问题：9 寸加 6 寸的比萨，是否与 15 寸的比萨大小相等？

有的学生通过画图说明不相等。（见下图）

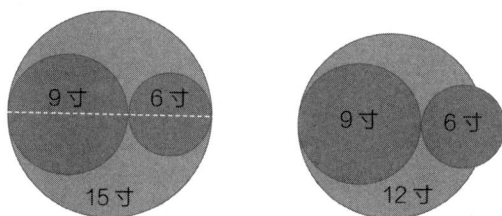

有的学生通过列表进行了对比说明。（见下表，计算数据略。）

比萨大小	半径（寸）	面积（平方寸）	比较
12 寸			
9 寸			
6 寸			
9 寸 + 6 寸			
15 寸			

在此基础上，我们又提出新问题：如果这样点餐，肯定吃不饱。他们再点一个多大的比萨才能吃饱呢？

这节课，学生在同学的真问题的启发下，不断解决问题，又提出新的问题，都兴奋不已。倾听学生的故事，让课堂更灵动，也更深刻了。

二、倾听学生的苦恼与建议，让课堂评价深入学生心灵 [①]

"老师，我能不能再考一次？这样的分儿让我妈看了又要骂我了。"望着小西（化名）那张几乎落泪的小脸，我有些犯难了。工作了这么久，从没听说过平时练习也能像期末考试那样补考，更何况她得了 60 分。如果让她重考，对其他学生来说会不会不公平？

这两个星期刚学完了混合运算，就来了个小测验。共五道题，20 分一道，正好 100 分。我把题目往黑板上一抄，就开始逐行巡视。学生们个个"埋头苦干"，只有笔尖在纸上摩擦发出的"唰唰"声。我不失时机地提醒道："可千万要细心呀，一道题 20 分，要想及格的话最多错两道，马虎不得呀！"不一会儿，几个"快手"就完工了，但没有一个敢先交的，都在举着本检查。终于，第一个勇敢者交来了。我迅速为他批改，好样的，全对。"第一名——于××！"我大声地宣布。此举激励了其余几个做完的学生，他们纷纷涌上前来。第二名、第三名逐一产生。满分学生个个喜笑颜开；有错题的学生面有不悦，低头改错。快下课时，便出现了开头的那一幕。

小西是我们班的学习委员，平时成绩好、行为规范，一向是老师、同学心目中的好学生，今天不知怎么搞的，连错两道题。为了不让其他学生认为老师偏袒好学生，公平起见，我只好劝她，下次还有机会，相信她下次会考出好成绩的。她无奈地走了，却留下久久不能平静的我。

换位思考一下，两个小小的马虎造成只能得个 60 分，是不是过于严格了？百分制，五道题，20 分一道，看似公平合理，实则只是几道计算题，远远不能考查出全面的水平。怎么办？让我来制定一套真正合理又富有激励机制的作业评分标准吧！

类似这样的小测验可以有，但一旦出错老师不要急于评分，要让学生

[①] 案例提供者：清华大学附属小学董彦。

有弥补的机会——把错题改正，再做一道，都做对后仍可得满分；如果仍有错，一道题也只扣10分；同时为了鼓励一次就全做对的学生，给他们的是100☆；如果对成绩实在不满意的，可以复考。在平时作业批改中也采取这样的办法，在优等中又分出档次。全对但字迹还有待提高的得优；全对、字迹又十分工整的得优☆，有时还酌情加盖有卡通形象（如加菲猫）的印章；全对、工整，应用题还能一题多解的，有几种方法就给几☆。这样无形中等级增多了，作业中的达标、待达标的情况几乎绝迹了。

此评分方法一经试用，深受欢迎，学生们积极响应，人人都争得优中之优，作业正确率有明显提高。经常听到他们说："我有两个加菲猫了！""我都有五个了！"我也大受鼓舞，作业批改得更为细致认真了，还适时地给学生的作业留下评语，比如"解法巧妙！"等等。

对于质量不高的作业会根据情况留下评语，比如："方法很好，但要细心呀！""和细心交朋友，你会更出色！""你有进步，希望你更上一层楼。""字迹再工整些就更棒了！""继续努力，成功属于你。"这些带有感情色彩的评语，让学生感受到了老师对他们的关爱和期待。

传统的只用"√""\"判正误的方法，枯燥乏味，缺乏激励性，评价结果带有一定的片面性，不能全面评价一个学生的基本素质、学习潜力。作业的满分仅表示"答题正确"，学生的解题思路、习惯、能力、品质等各方面并不能从分数中体现出来。而利用评语，学生可以更清楚地了解自己作业中的优缺点，还加强了师生间的情感交流。将评语引入数学作业的批改中，指出其不足，肯定其成绩，调动了学生的学习积极性。使学生对成功和失败都有一个正确的认识，从而做到胜不骄、败不馁。并且能让学生从容对待失败，树立必胜的信心，体味"失败乃成功之母"。

为了更好地激励学生们的学习能动性，我还在班里设置了抽奖箱，每月数学作业全部按时完成，或有突出表现的学生，都会获得一次抽奖机会。抽奖箱中共放置了12个乒乓球，其中10个球上都写着字：

- 文具（去班主任处领取文具一份）
- 报喜（就近期的一次好的表现给家长发微信或打电话报告喜讯）

•时间（可以在午休或暮省时间①，自由支配自己想做的事）

•干部（任选自己想当的班中重要职务，担任一天）

•抱抱（和喜欢的老师拥抱一次）

•合影（和喜欢的老师合影一张）

•约书（邀请你在外班的好朋友某天中午来我们班共同阅读）

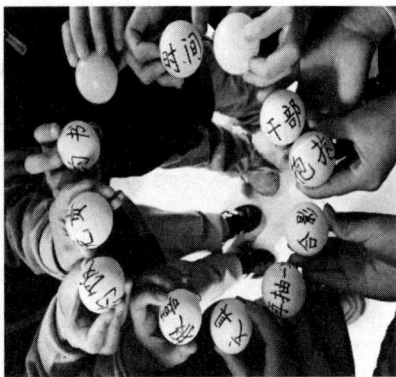

•约饭（邀请你在外班的好朋友某天中午来我们班共进午餐）

•免责（当某天受到老师处罚时，可以免责一次）

•再抽一次（当场可以有第二次抽奖机会）

另外有 2 个无字球：

•粉色球（提一个容易实现的小心愿，让老师帮助完成）

•白色球（什么都没抽到）

我相信，学生们一定能感受得到老师的用心良苦。事后我也和小西的家长交流了小测验的事情，得知她的父母都是高级知识分子，对孩子的期望极高。她妈妈曾要求她考试不得低于 95 分，这也是造成她不能从容面对失败的原因之一吧。最后我们达成了共识，评价一个学生，学习成绩固然重要，但非智力因素、心理素质也尤为重要。对孩子的教育不能过于教条，重要的是使她养成良好的学习习惯，树立起自信，适当的宽容将会事半功倍。

这个故事虽然并不是直接与问题相关，但我愿意花一些篇幅来分享。因为基于问题的教学需要倾听学生心声，与学生同频共振，无论是复考、评

_____

① 暮省时间指学校设置专门的时间段让学生回顾一天的学习情况。

语、优中分等还是饱含着满满爱意的抽奖形式，这些评估方式之所以能够深入学生心灵，引起学生共鸣，是因为它们是建立在学生真实想法和心理需求基础之上的。在课堂上多倾听学生的苦恼和建议，对学生的教育多一些理解和宽容，有时候会起到事半功倍的效果。

积极等待，好问题需要酝酿的时间

经验告诉我们，在课堂教学中，我们提出问题之后，先让学生想一想，然后再让他们回答，比让学生马上回答的效果会好很多。按国外教师的经验，当教师把等待学生回答的时间从三秒提高到五秒时，就会出现下面一些结果：学生回答问题的时间增加，回答不出问题的情况减少；学生提出的问题增多，主动回答问题的情况增多；学生的自信心提高。

或许受到课时时长的限制，又或许是教师过于追求所谓的高效课堂，我们发现教师往往不愿意等待。课堂上常常看到这样的现象，当教师抛出一个问题，几个回合后学生的回答还是不在"点"上，教师就急了，为了赶进度，赶快请那些平时成绩比较优异的学生分享一下方法。看似是让学生之间交流，其实只是换了学生的口说出教师自己心里想说的事而已。其实我们静下心来想一想，越是学生遇到困难了，遇到挑战了，越应该让更多的学生经历从不会到会的过程。这个过程是需要时间的，我们不妨大方一点，舍得给孩子花点时间。

有的老师可能会马上说："那进度完不成怎么办？没有做练习怎么办？每节课都这样等待，岂不是没有复习的时间了？"有这样的想法非常正常，毕竟时间是最宝贵的。也恰恰是因为时间宝贵，我们才更应该舍得把有限的时间花在最需要花的地方。当然，不是练习不重要，而是如果前面学习的经历充分了，学生的困惑得到解决了，少做一两道练习、少一节复习课，一定无妨。另外，对一些难度不大的非核心课，我们完全可以上成练习课。更何况，当你真的做一个等待者的时候，学生带来的惊喜可能会让你无法预期。

记得有一次，我们在一所农村小学上了一节估测不规则图形面积的课。① 上课前我们也担心学生不能独立完成探究任务，但事实证明，静待之后，就可能是花开。

【活动任务】

①估测出下面这个图形的面积，清晰地记录你的估测方法。

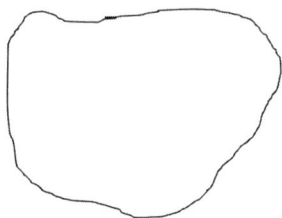

②记录你在解决问题的过程中的困难、困惑。

按经验，一个班中总有一些学生八九分钟后就能估测出结果。但这堂课上，八分钟过去了，九分钟过去了，十分钟过去了，班里没有一个学生得出结果。是马上停下来做一些适当的引导，还是继续让学生尝试？我想，既然学生没有得出结果，那一定是在某个地方有些困难，遇到困难不怕，只要学生逐渐找到思路就可以解决。不轻易下决定，我还是继续在课堂中游走。经过观察，发现大多数学生其实已经想到了解决问题的办法，其中有一名学生已经给所有拐点都点了点。再给点时间呢？再等等，或许学生就可以坚定自己解决问题的办法，就可以得出结果了。我没有说话，就继续静静地看，静静地等。在等待的过程中，忽然觉得学生们认真的样子好美，他们真的是循着问题在一步步努力，一点点尝试，遇到困难后没有不知所措、中途放弃。在大约十六分钟时，我看到多数学生脸上露出了欣喜的笑容，我知道他们完成了。

多数学生不仅得到了正确的答案，还想出了过去在八分钟内完成的学生没想到的方法。比如，大家不仅能通过数格子的方法来估计图形面积的上界、下界，而且能通过看成近似形来估计图形的上界、下界，从而得到估计的范围。（见下图）

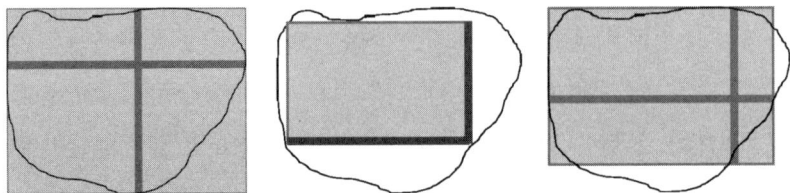

---

① 执教者：清华大学附属中学上地小学岳立梅。

　　另外，有两名学生已经有以直代曲的意识。那个"点了点"的学生把图形分成了大大小小的三角形。（见下面左图）他对我说："分完了，太累了，把所有三角形的面积加起来就是了，您算算就知道了。"后来，我们请教了做测绘的专业人士，原来平日测绘时就是分成一个个三角形。（见下面右图）

　　等待，让我们看到学生如何化解困难；等待，让我们看到我们以为的不可能变成了可能。

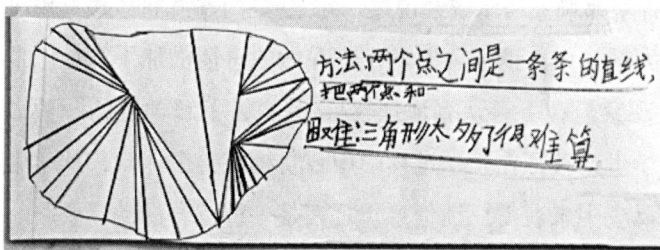

细心观察，发现课堂中的问题

　　作为教师，大家关心较多的是怎样讲课，怎样呈现教学内容，却容易忽视观察学生。数学教育家弗赖登塔尔曾经说过一句意味深长的话："我真想对他们（指数学教师）大喊一声，请不要对学生正在做的事情横加干涉！您唯一所能做的事情就是观察，在一旁认真地观察！"其实，了解学生的一种最常用的方法就是观察学生，教师在教学过程中用眼睛统观整个课堂，从学生的动作、表情等情绪反应中来获得反馈信息。观察是一种综合活动，要眼、耳、脑并用。我们要透过现象，对儿童在解决数学问题中所使用的不同方式与过程，认真地进行分析研究，了解学生的内心活动。要依据这些分析，反思改进自己的教学。

　　课堂中随时都在发生故事，这些稍纵即逝的信息，都是非常宝贵的教学资源。作为教师，我们在课堂上要眼观六路，耳听八方。我们至少要从三个方面观察学生。

　　一是观察学生的问题与我们前期发现的问题是否一致。这一点比较容易受到教师的关注，前期虽然通过多种途径了解了学生的问题，但我们知道每个学生都是不一样的。我们要做的就是在当下的课堂环境中继续观察，以便为接下来的教学提供依据。

　　二是观察学生对问题有哪些想法和思路，学生是怎样解决问题的。面对一个问题，不同的学生有不同的想法。教师首先要透过观察，了解学生是怎样做的，为什么这样做，学生的方法有没有道理。

　　教师在教学两位数乘两位数[①]的时候，发现小刘同学的竖式总是比别人

---

① 执教者：北京市海淀区中关村第二小学慈艳。

的竖式多层"阁楼"，再看其结果，每次都是正确的。于是让小刘同学写 56 乘 27 的竖式方法，并边写边说出每层的含义是什么。（见右图）6、7 都在个位，相乘后应该是 42，于是就落在了"阁楼"最高层；五七三十五中的五是五十，那么就是 350，35 就向左错位表示的是 350；2 乘 56 就是 20 乘 56，表示 112 个十，也就是 1120；这时再把三层楼上的数相加，就得到了 1512 的结果。

听小刘同学说完，慈老师建议"阁楼"的最高层可以和第二层合并为一层，直接写成 392。这也是我们两位数乘两位数的格式要求。小刘同学反问道："为什么要把'阁楼'省去呢？"他的反问引发了我们的思考。是啊，为什么要省掉"阁楼"呢？只有这个阁楼是个位乘个位，单放是可以的，小刘同学对每层的含义解释得很清楚。我们为什么要用规定格式来要求孩子原本讲"理"的格式呢？竖式就是记录算的过程而已，记录的过程原本就是个性化的。比如，古印度数学中的两位数乘两位数的算法、中国古代的铺地锦的算法记录的算的方式都是不同的，但是本质的算理是相同的，都建立在相同单位的累加基础上。那么这样看来，孩子多层"阁楼"的计算是没有问题的，所以我们要尊重他，给他建议。在未来的学习中，他会根据自己对计算的深入理解以及书写上的方便与否，来增减楼层，我们现在不必着急让学生减掉"阁楼"的层数。

学生心中有着自己对数学的理解和认识，他们的世界是精彩的，作为老师的我们要多观察，适时地创造交流的空间，多倾听他们的声音，帮助他们，理解他们，站在儿童的视角认识他们的做法。他们需要的不仅仅是一位拥有数学专业知识的老师，更是一位懂得儿童心理的老师。

三是观察学生在解决问题之后是否产生了新的问题。学生经历了探索之后，收获的不仅仅是知识，有时候知识以外的收获会比知识对学生的影响更深远。比如，在教学"搭配"一课的时候，我让学生研究有几种搭配方法。学生有的画图，有的摆卡片，有的写文字，有的列式计算。我发现有一个学生开始一直在摆卡片，后来课上到一半，他就开始画图，最后也进行了列式。临下课时，我请他说说，都是做同类的题目，为什么方法不一样。他说："我开始觉着摆卡片很好，因为我通过摆，很快就能得到结果。可我发现我们组其他同学都画图，我听他们讲也能明白，但我想画的时候，还是有点困难，我就多摆了几次。后来我就越来越明白了，也学着画图，画得多了，发现道理是一样的，出现一道题的时候，我脑子里就能画图了，顺着我脑子中的图，很快我就能列式了。"我激动地带头给这个学生掌声，这个学生开始有自己的方法，还能学习同伴的方法，不断完善自己的想法，这是一个真正向同伴学习的过程。经过这样的过程，学生不仅能够解决问题，还能够内化解决问题的方法。

四是发现儿童的成长故事，及时给予鼓励与支持。小李是一个不爱学习的孩子，上课不听，反应比较慢，一年级时学习 20 以内加减法，怎么也学不会。有的学生不爱跟他同桌，后来我就安排特别爱学习的小路跟他同桌，鼓励小路平时多陪他玩，也帮助他学习。小路很内向，不管小李怎么闹，小路总能很耐心地帮他，虽然很长时间小李的学习成绩也没多大变化，但两人同桌后，小李变得安静多了。

有一天，我们进行 5 分钟口算，做完后互相判答案。我发现小李盯着作业本，笑得合不拢嘴。我很好奇，就慢慢走到他跟前，发现小路给他判完练习后写了"进步真大"几个字。哦，原来如此。看似调皮的孩子，内心也是非常渴望同伴的认可的吧。我马上把作业拍了下来，说这是我看到的最美作业，要留个纪念。（见右图。课下，我还分别发给了两个孩子的家长，嘱咐他们回家要夸夸自家孩子。）接着请他们走到讲台上展示作业，并请小路讲讲刚才发生的故事。这位不善言辞的小朋友说，看到小李全对了，比自己全对更高兴。后来小李真的变了。

我还看到，同桌互相鼓励的现象多了起来。同桌互对答案后，有给同桌的小本上画小旗的，有写"好"的，大家的学习热情更高了。

　　还有一次，我让学生在完成小组活动任务之后，根据自己的表现给自己打分。我发现多数学生是很认真地给自己打分的，能做到实事求是；但有个别学生本来没好好参与，却给自己打了更高的分；也有学生看着表现特别好，却给自己打了低分。我百思不得其解，就把一个学生的得分用实物投影器投出来，问大家："今天这节课，我观察小东表现得特别好，但他却给了自己很低的分，张老师特别想知道这是为什么。"有学生就在下面喊："改过来改过来，老师说要实事求是。"只见小东红了脸，解释说："我今天上课不知怎么了，老开小差。"我表扬了小东，说他开小差我们都看不出来，而且他还老老实实地给自己打了低分，是个很诚实的孩子，也是个讲诚信的孩子，同学们要向他学习。后来我发现，刚才表现并没有多好却给自己打了高分的学生，一边听一边把分数改低了，改完后看我一眼。我冲他笑了笑，他也冲我开心地笑了。

　　让我们做一个课堂的观察者，用眼睛去发现儿童的成长故事。正如爱默生说的："人的眼睛和舌头说的话一样多，不要字典，却能从眼睛的语言中了解一切。"

重视学生生成的问题

——以"商不变的规律"为例

小学生活泼好动，好奇心强，他们的学习过程就是一个不断发现和提出问题、分析和解决问题的过程。当学生完全投入学习的时候，他们会提出各种各样的问题。基于问题的课堂，要重视学生的问题，保护学生提问的热情，对学生的问题做出回应。对那些有探究价值的问题，要适时纳入，作为课堂学习的素材。

在教学北师大版教材四年级上册第六单元"商不变的规律"这一课时，根据对学生的调研情况，我设计了三个教学活动：一是提出猜想，鼓励学生借助教师提供的一组商相同的除法算式，研究并记录被除数、除数怎样变化，商不会变；二是举例验证，让学生再举几个例子验证规律，说明规律是可靠的；三是举例说明为什么被除数、除数同时乘或除以一个相同的数（0除外），商不变。设计这三个活动，旨在引导学生通过探索，自己发现商不变的规律，在此过程中培养学生观察、概括及发现规律、探索新知的能力。

一、教学过程

活动一 这个规律真的成立吗？

在初步发现规律后，问题出现了——我发现学生全面举例验证规律的意识不强，有必要在这里驻足反思。于是我借助黑板上的板书（见下页图），与学生一起开始了下面的交流。

同时乘或除以相同的数（0除外）
被除数 除数 ——————————————————→ 商不变

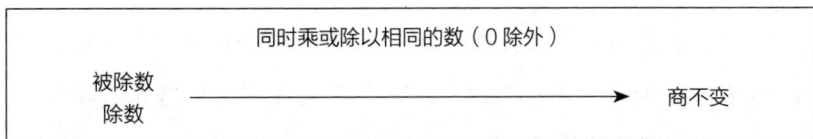

师 ▶ 同学们，现在你们觉得这个规律能成立了吗？

生 ▶ （异口同声）能。

师 ▶ 这么肯定吗？

生1 ▶ （小声嘟哝）不好说。

生2 ▶ 我觉得还需要举一些例子，再验证一下。

师 ▶ 是啊，多了才可信，才有说服力。想一想，需要举多少例子呢？

生3 ▶ 可以多举一些，例子多了才有说服力。

生4 ▶ 我有一个问题，例子很多，举多少合适呢？

师 ▶ 这是个好问题，我们思考一下。

在教师与学生一起讨论的基础上，学生逐步认识到，确定一个规律是否成立时，确实是例子越多越好，但如果一下子给太多了，分析起来不太方便。因此，一般情况下都要先集中研究一组算式，看它们的被除数和除数是怎样变化的，有什么变化规律，然后再举些例子，看是不是都符合这一规律。

师 ▶ 请大家想一想，该如何举例呢？

生5 ▶ 可以尝试举不同的例子，看看是否都符合我们发现的规律。

生6 ▶ 我觉得还可以试着找找有没有反例，万一举的例子中正好有一个商变了呢。

师 ▶ 生6说得特别有道理。那么，举反例的目的是什么呢？

生7 ▶ 反例是从另一个方面验证我们发现的规律对不对。

生8 ▶ 只要有一个例子说明商变化了，就说明我们发现的规律不对。

师 ▶ 说得真清楚，下面就请大家举出几个例子验证一下，看看是否能找到反例。研究中有什么问题和困惑大家也记录下来。

学生继续研究，教师巡视并帮助学习有困难的学生。经过前面的学习，学生慢慢会举例了，不少学生在举例中遇到了解决不了的问题，有的怀疑得出的结论，有的开始怀疑自己。

活动二　老师，我有一个新发现！

师　▶ 谁来和大家说说你的发现和想法？

生1　▶ 老师，我有一个新发现！（边说边走到实物投影前）你们看，被除数和除数分别加它们同样大的倍数，商也不变。请大家看下面的算式。6÷3=2这个算式中，6加它的1倍是12，3加它的1倍是6，即12÷6=2，商还是2；还是6÷3=2这个算式，6加它的2倍是18，3再加它的2倍是9，即18÷9=2，商还是2，没有发生变化，以此类推。（见下图）大家同意我的想法吗？

$$6 \div 3 = 2 \qquad 6 \div 3 = 2 \qquad 6 \div 3 = 2$$
$$\downarrow+6 \quad \downarrow+3 \qquad \downarrow+12 \quad \downarrow+6 \qquad \downarrow+18 \quad \downarrow+9$$
$$12 \div 6 = 2 \qquad 18 \div 9 = 2 \qquad 24 \div 12 = 2$$

面对生1的想法，有的学生露出欣喜的表情，不假思索地点头表示同意；有的若有所思，表示质疑。在短暂的沉默中，有学生提出自己的想法。

生2　▶ 我觉得要再举几个例子验证一下。

师　▶ 大家赶紧帮着验证一下，看看这个规律是否成立。

学生进行验证，当大部分学生完成规律验证的时候，教师组织学生进行全班交流。

师 ▶ 我看大家基本都验证完了，他（指生1）这个猜想能成立吗？谁来说说自己的想法。

生3 ▶ 我举的例子是这样的。（见下图）。我发现被除数和除数分别加它们同样大的倍数，商真的是不变的，感觉好神奇。

$$12÷2=6 \qquad 12÷2=6 \qquad 12÷2=6$$
$$\small +12↓ \ +2↓ \qquad +24↓ \ +4↓ \qquad +36↓ \ +6↓$$
$$24÷4=6 \qquad 36÷6=6 \qquad 48÷8=6$$

生4 ▶ 我试着举反例，发现举不出来，所以我认为这个规律是成立的。

师 ▶ 现在是两条规律了，你们还有没有补充和疑问？

生5 ▶ 我有个问题，怎么会有两条规律？

师 ▶ 是啊，该怎么办？

生6 ▶ 我们可以再多举些例子，看看有没有不成的。

生7 ▶ 我刚才试着举反例了，发现举不出来，没有反例。

生8 ▶ 我觉得可以对比一下这两条规律，说不定它们之间有联系。

师 ▶ 对呀，好好看看这两条规律，看看有什么新发现。

> 学生开始对比举例，举着举着，不少学生顿悟，发现了二者之间的联系。

生9 ▶ 我明白了，加同样大的倍数不就是乘吗？加它的1倍就是乘2。

师 ▶ 谁听懂她的话了？举例子说一说。

生10 ▶ 我是这样想的。（见下图）如8÷4=2，8+8就是8×2，得16，4+4就是2个4，得8，16÷8还是2……。它们是一回事。

$$8÷4=2 \qquad\qquad 8÷4=2$$
$$\small ×2↓ \ ×2↓ \qquad\qquad +8↓ \ +4↓$$
$$16÷8=2 \qquad\qquad 16÷8=2$$

生11 ▶ 我也发现了，这两条规律只是说法不一样，其实是一样的规律。

活动三　老师，我又举出了不同的例子！

师 ▶ 还有问题吗？

生1 ▶ 老师，我有一个问题，这些算式能说
明商不变吗？（见右图）后面的小尾
巴都不一样大啊。

$$7 \div 2 = 3 \cdots\cdots 1$$
$$14 \div 4 = 3 \cdots\cdots 2$$
$$28 \div 8 = 3 \cdots\cdots 4$$

师 ▶ 大家有什么看法？

生2 ▶ 我觉得一样大，要是接着算一下，得数都是 3.5。

师 ▶ 这是小数除法，可能有的同学还不会算。没关系，我们让
计算器来帮帮忙。

> 　　学生用计算器来计算，发现结果还真是 3.5，所以认为这样也
> 是符合规律的。

生3 ▶（兴奋地）我举出一个反例，4÷2=2，6÷3=2，……。4 和
6 不是倍数，2 和 3 也不是倍数，但它们的商是一样的。

> 　　学生不知道 6 是 4 的几倍、3 是 2 的几倍，就说它们不是倍数
> 关系，但商是一样的，认为是反例。

师 ▶ 想一想，这该怎么解释啊？

生4 ▶ 4÷2 前边还有一个算式是 2÷1=2，这样 2×2=4，1×2=2，
后面的就都能解释了。

师 ▶ 他又找到了一个算式，用它就可以解释了。那到底 4 和 2 同
时乘几就可以得到 6 和 3 呢？我们借助计算器来看看吧！
（演示）原来是同时乘了 1.5。

学生之所以有上面的困惑，是因为有的知识学生还不会，但不解决，学生又不会信服。为此，我们借助计算器，帮助学生澄清认识。课堂上，学生全情投入，收获的不仅有知识，还有方法、认识和见识。

师 ▶ 今天我们一起研究了"商不变的规律"，通过不断研究问题，大家有什么新的收获？

生5 ▶ 被除数、除数只要乘一个不为0的数，商就不变——乘的数也可以是负数。

生6 ▶ 不仅可以乘负数，乘分数、小数等任何不为0的数都可以。

生7 ▶ 举例子和提问题都能帮我们深刻地理解问题。

生8 ▶ 如果我们自己发现了新的规律，我们要想想它到底是一条新的规律，还是原来规律里边的一部分。

生9 ▶ 验证是很有必要的。

生10 ▶ 如果被除数、除数加的不是它的倍数，得数就不相等了。

……

在上面的教学中，出现了预料之外的问题。一是有学生说发现了新的规律，被除数和除数分别加它们同样大的倍数，商不变。二是有学生在研究中遇到了自己解决不了的新问题。新问题1：从 $6÷2=3$ 到 $9÷3=3$，被除数、除数是怎么变化的？新问题2：$7÷2=3……1$，$14÷4=3……2$，等式后面都有小尾巴，小尾巴变了，能说明商不变吗？

二、要敢于直面学生生成的问题

表面上看，学生的发现好像与学习的内容不太相关，超出学习范围了，但细分析下来，又觉得学生的发现与学习的内容联系密切，值得关注。

首先，探究中自然会有问题和困惑，对待问题的态度肯定是要直面而不是回避。"直面"对发现问题的学生是一种尊重，一种激励。另外，"发现"从某种意义上说是一种创新的表现，直面问题可以鼓励创新。

其次，这是学生真实探究的结果，探究的思路是很有价值的。发现新规律的学生走的就是一条从猜想到验证的完整的路，是很难得的。同时，学生的发现也是正确的，与结论是一致的，只是说法不同。理解一致性的过程，也是学生进一步建立乘法与加法联系的过程。对发现的新问题的解决会使学生意识到，原来是知识方面的欠缺导致理解困难，这会激发学生进一步学习的欲望，对学生进一步理解被除数、除数、商之间的关系，理解同时乘或除以一个相同的数，这个数也可以是小数、是分数等很有帮助，会促使学生考虑问题更全面。

最后，由个体的问题变成全体的问题，让学生用刚经历的方法验证一下是很有必要的。有的学生本身就不会验证，更缺乏验证的意识，此经历能帮助学生再次经历举例验证的过程。在举例过程中要找一些例子，尤其要注意有没有反例，这对培养学生的科学精神求实态度是非常重要的。为什么我们的题目可以一遍遍地做，而我们的验证活动不能一遍遍地经历呢？

因此，"放大"学生的问题，对引领学生思考如何直面研究中遇到的问题，如何全面考虑问题等都是有重要作用的。研究的过程是进一步建立知识与知识之间的联系的过程，更是对规律再理解的过程。

三、放大问题，让学生"沉浸"其中

在课堂教学过程中，有时会出现我们预料之外的问题，这些问题并不是都有价值的，教师应有所选择，用"慧眼"进行辨识，及时做出判断并妥善处理。对那些意义不大、没有利用价值的生成性问题要做淡化处理，对那些有探究价值的生成要进行强化处理。强化的策略是将学生的问题"放大"，引导学生深入探究生成性问题，抓住这一提升学生认知和情感的契机，提升课堂教学的价值。

教师对待生成性资源的态度体现了教师对数学、对学生、对教育的理解，教师的关注点在哪里，教学的着力点就会放在哪里。比如这节课学生遇到的问题，有的老师会认为即使不解决，也不会对学生理解和应用商不变规律带来多大损失，因为结论已经出来了嘛，但我不这么认为。从数学上讲，我看重的是在研究过程中学生对知识与知识之间联系的再体会，对如何全面思考问题、如何进行验证的再认识，对研究过程和方法的再经历。从学生方面讲，研究要直面问题，要有克服困难的勇气，要找到解决问题的办法，研究过程要严谨，要有求实态度，研究本身要对学生有激励和鼓舞作用，要对学生的情感态度价值观有所引导和启发。我们不仅是在做数学，更是在做教育，所以教师对生成性资源价值的判断是至关重要的。

基于问题的课堂，应该鼓励学生经历冲突、理解、分析、试错、验证、修正、重构等一系列心理过程，满足学生的好奇心和求知欲，使学生沉浸其中，精神高度集中，内心愉悦充实，处于一种"迷恋"和"忘我"状态，这是最大的收获。

在实践中，我们总会看到有的课堂有一些生成性资源出现，有的几乎没有，这与学习的内容、学生和教师的教学都有一定的关系。需要提醒老师们的是，问题不要设计得太碎，问得过细学生的思维会受到限制，不利于生成性问题的出现。教师要为学生设计大空间问题；还要多观察，尽可能敏感地发现学生的问题；要敢于让学生暴露问题，鼓励学生自己多反思质疑，提出自己发现的问题。时间久了，师生的反思意识和反思能力都会有更大提升。

为学生搭建解决问题的桥梁

——以"分数比大小"为例

我们倡导教师做观察者，做倾听者；倡导教师做等待者，用内心去感悟学生的成长；还倡导教师做智慧的引导者，在最关键处为学生搭建桥梁。面对一个数学内容，学生总会有多种多样的想法，怎样让学生的原始想法再前进一步？在探究的路上，学生总会遇到各种各样的困难，心中有各种各样的疑问，怎样把这些困难和疑问转变为学生学习的素材？经历了探索活动，学生会有不同的收获，如何让这些收获得到内化，从而实现成长？这些都是基于问题的课堂的关键节点，在这些节点上，教师应该做一个智慧的引领者。

在第一章，我们曾经提到借助问卷了解学生有关异分母分数加减法的情况。我不止一次听到老师抱怨："为什么分子、分母都不同的分数比大小和分母相同的分数比大小时学生不怎么出错，偏偏分子相同时却出错不少呢？这些孩子真粗心！"当时我一愣：真是因为粗心吗？于是我们开展了前面所说的调研，结果也表明学生确实容易受到整数大小比较负迁移的影响。同分母分数的大小比较和整数的大小比较思路是一致的，都是看哪个数包含的相同单位多，哪个就大。而分子是 1 的分数却是分母越大的分数反而越小。那如何解决学生在学习异分母分数加减法时遇到的负迁移问题呢？我想能不能先集中火力，让学生在黄金时间（课堂的前 20 分钟）先研究分子是 1 的分数的大小比较呢？

既然学生出错是受整数大小比较的影响，那就不要回避，让学生直面可能出现的错误，把它们放在一起比较，激起学生的认知冲突，然后在现实背景中帮助学生建立两者之间的联系，使学生不仅知其然，也能知其所以然。这样站在系统的角度思考问题，既能见树木，也能见森林。

因此在课堂上，我安排了三个活动。

活动一 比较 $\frac{1}{2}$ 和 $\frac{1}{4}$ 的大小

（1）制造认知冲突，引发比较活动。

教师先给学生讲一个故事：有一天，孙悟空和猪八戒各自出去找吃的。等孙悟空找到吃的东西回来，发现猪八戒正打瞌睡呢，就想逗他玩玩："八戒，快看！"八戒睁眼一看（屏幕上飞出一个个大西瓜，一堆4个，另一堆2个），孙悟空说："挑吧，你想要哪堆呀？"猪八戒高兴极了："猴哥，我要4个那堆吧！我胖，吃得多！""行！"悟空说完，吹一口气，刚才那些西瓜只剩一个了。"不好意思，刚才逗你玩呢，我其实只找了这么一个，你是想要它的 $\frac{1}{2}$ 呢，还是 $\frac{1}{4}$ ？""我还是要它的 $\frac{1}{4}$ 吧，我不是说了吗，我胖，吃得多！"

生1 ▶ 猪八戒太贪吃了。

生2 ▶ 其实 $\frac{1}{4}$ 比 $\frac{1}{2}$ 少！

生3 ▶ 猪八戒认为 $\frac{1}{4}$ 比 $\frac{1}{2}$ 要大。

生4 ▶ 我们说的才是对的。

师 ▶ 你们能不能想办法比较出 $\frac{1}{2}$ 和 $\frac{1}{4}$ 谁大谁小，来说服猪八戒？可以用桌上的纸片画一画、折一折，也可以用别的方法。

学生活动，教师巡视并提醒折好的学生想想，交流时怎么说大家能听得更清楚，然后让学生进行交流，重点说一说是怎样想的、怎样做的。

生5 ▶（举着折好的圆形纸片）我把这张纸平均分成2份，一份是它的 $\frac{1}{2}$ 。把这张纸平均分成4份，取一份是它的 $\frac{1}{4}$ 。看， $\frac{1}{2}$ 比 $\frac{1}{4}$ 大。

生6 ▶ （指着折好的纸片）$\frac{1}{2}$是把它平均分成2份中的1份，$\frac{1}{4}$是把它平均分成4份中的1份，$\frac{1}{4}$只是$\frac{1}{2}$的一半，当然$\frac{1}{2}$大。

生7 ▶ $\frac{1}{2}$里面有两个$\frac{1}{4}$！

生8 ▶ （展示一张对角折好的正方形纸片）这是$\frac{1}{4}$，（指另一张折好的纸片）没有$\frac{1}{2}$大。

教师呈现两组作品，让学生说一说哪一幅图更清楚一些，是怎样得到分数的，怎样比较的，鼓励学生继续探索比较分数大小的方法。（见下图）

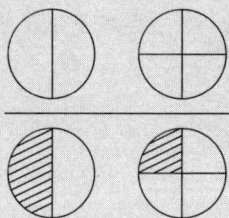

再和学生一起回顾一下解决问题的过程，通过折纸折出$\frac{1}{2}$和$\frac{1}{4}$两个分数，比一比谁的面积大，在比较$\frac{1}{3}$和$\frac{1}{4}$的大小时，还想到了转化成整数进行比较。

从数学知识的内在联系看，分数的大小比较是以整数的大小比较为基础的。从整数比较大小引入分数比较大小的问题，一是想激活学生先前的知识经验；二是要激起学生的认知冲突，产生有意义的学习心向；三是为揭示两者之间的关联做准备。后面在比较$\frac{1}{2}$和$\frac{1}{4}$的大小时，再次借助直观图让学生直面这一冲突，使学生清楚地意识到，2比4小，只是2份比4份少，要看一个分数的大小，只看分母是不行的，还要看分子。这样解释，猪八戒就心服口服了。

（2）丰富探究素材，交流比较方法。

师 ▶ 大家看，这是一盘桃子。（见下图）这盘桃子的 $\frac{1}{3}$ 和 $\frac{1}{4}$ 比，

谁大谁小？你能用自己手中的桃子图比一比吗？

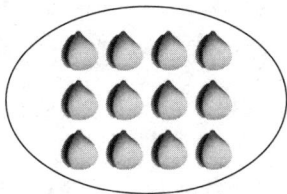

师 ▶（呈现学生作品1，见下图）谁看懂了，能解释一下这位同学的意思吗？

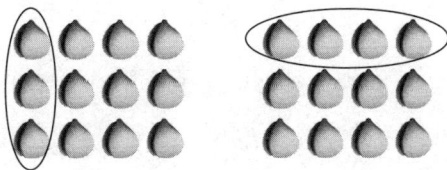

生1 ▶ 第一幅图圈了12个桃子的 $\frac{1}{3}$，一份是3个桃子；第二幅图

圈了12个桃子的 $\frac{1}{4}$，一份是4个桃子。

生2 ▶（说得很慢，但很坚定）反对！$\frac{1}{3}$ 是把12个桃子平均分成3

份，一份是4个。$\frac{1}{4}$ 是把12个桃子平均分成4份，一份是3

个。（呈现作品2，见下图。）

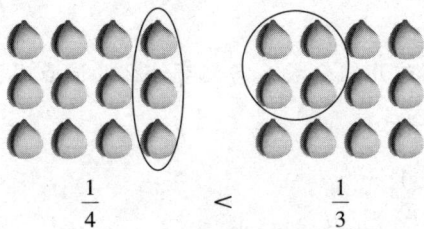

$$\frac{1}{4} \quad < \quad \frac{1}{3}$$

> **师** ▶ 我非常欣赏这两位同学，他们在用图和符号来同大家交
> 流。这就叫会记录。（呈现学生作品 3，见下图。）

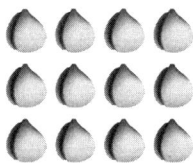 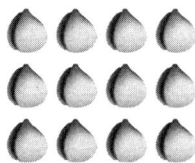

$$12 \div 4 = 3 \qquad\qquad 12 \div 3 = 4$$

> **生3** ▶ 把 12 个桃子平均分成 4 份，一份是 $12 \div 4 = 3$。把 12 个桃子
> 平均分成 3 份，一份是 $12 \div 3 = 4$。

（3）拓展内化延伸，领悟比较规律。

　　　教师再呈现一些平面图形（见下图）引导学生想一想，怎样
比较出这些图形表示的分数的大小，填一填分数，比一比。

① ②

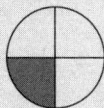 

③ ④

 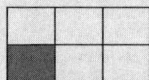

⑤ ⑥

> **师** ▶ 好好观察这几组分数，它们有什么共同点呢？
> **生1** ▶ 都是取一份。
> **生2** ▶ 分子都是 1。
> **生3** ▶ 分母越大，每一份就越小。

生 4 ▷ 是，分母越大，分子是 1 的分数就越小。

师 ▷ 为什么分母小的偏偏就大呢？

生 5 ▷ 同样的东西，平均分的份数越少，每一份就越大。

生 6 ▷（喊）拿个东西比一比不就成了。（指前一页图中第①②两幅图）2 份中的一份比 6 份中的一份大多了。

生 7 ▷ 把一个饼平均分给 2 个人，每人吃的多；平均分给 4 个人，每人吃得少。

教师用课件动态演示把一个长条平均分成 2 份、3 份、…、10 份的过程，引出分数墙，学生经过观察发现从上往下每份越来越小，分的份数越多，每一份越小。（见下图）

活动二　比较 $\frac{1}{4}$ 和 $\frac{3}{4}$ 的大小

（1）体验比较方法。

师 ▷ 刚才我们研究了分子是 1 的分数的大小，接下来的两个分数（板书：$\frac{1}{4}$ 和 $\frac{3}{4}$）分子不都是 1 了，你还会比较吗？你能想办法说明你的想法吗？

生 ▷ $\frac{3}{4}$ 大。

生1 ▶ 用两个正方形图表示。（见下图）

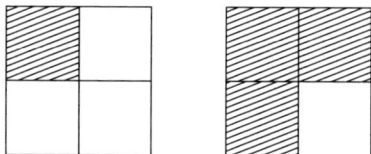

生2 ▶ 3份比1份大，每份一样多可以不管。

生3 ▶ 我觉得都是平均分成4份，就看拿几份了。

生4 ▶ 我用一个图就行了。涂色的表示 $\frac{3}{4}$，没涂色的表示 $\frac{1}{4}$，$\frac{3}{4}$ 里有 3 个 $\frac{1}{4}$。（见下图）

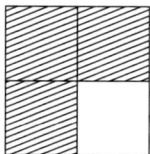

生5 ▶ $\frac{1}{4}$ 不到一半，$\frac{3}{4}$ 比一半多，所以 $\frac{3}{4}$ 比较大。

生6 ▶ 我没折，我一开始就想把一张长方形纸平均分成4份，其中3份肯定比1份多。

生7 ▶ 我脑子里有图，我纸上也有图。

师 ▶（请3女1男共4名学生到讲台上）知道我会怎么比吗？

生 ▶ 女孩是这些同学的 $\frac{3}{4}$，男孩是这些同学的 $\frac{1}{4}$。

（2）发现比较规律。

　　试一试：刚才大家结合自己的学习和生活经验，思考出这么多解决问题的办法，真不错。你能看下面的图（见下页图），快速地找到两个分数，并比一比它们的大小吗？

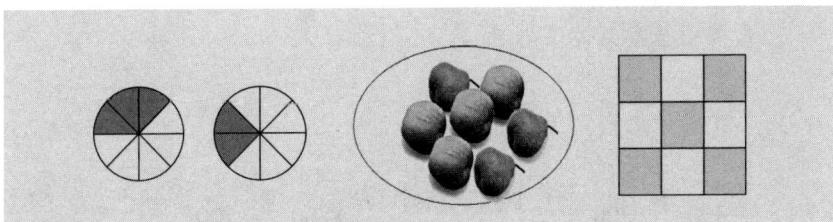

师 ▶ 刚才这几组分数有什么特点？你有什么发现？

生1 ▶ 分子大的分数就大。

生2 ▶ 我补充，分母都一样的分数，分子大的分数大。

生3 ▶ 每份一样多，取的份数多的，肯定就大。

接着，教师电脑演示把一张纸条平均分成10份，问学生能从中找到多少个分母相同的分数，并结合学生回答演示其中1份、2份、…、10份，请学生说说有什么发现。

生4 ▶ $\frac{1}{10} < \frac{2}{10} < \frac{3}{10} < \frac{4}{10} < \frac{5}{10} < \frac{6}{10} < \frac{7}{10} < \frac{8}{10} < \frac{9}{10} < \frac{10}{10}$。

生5 ▶ 把一张纸条平均分成10份，从中取的份数越多，分数就越大。

活动三 练习与反思

教师出示基本练习。

①课本第58页试一试（2）。

②填分数，比大小。（见下图）

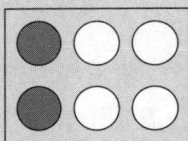 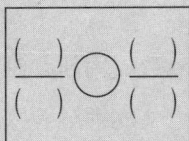 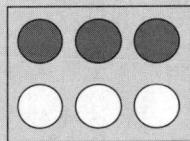

教师出示智慧冲浪题目。

①$\frac{1}{3} > \frac{1}{(\quad)}$；$\frac{3}{10} < \frac{(\quad)}{10}$。

②$\frac{1}{300}$ 和 $\frac{1}{200}$，哪个大，哪个小？$\frac{14}{200}$ 和 $\frac{1}{200}$，哪个大，哪个小？

师 ▶（指"智慧冲浪"第②题）刚才我们研究的分数的分子、分母都没超过10呀，这么难的题你们也能做？介绍一下经验吧。

生1 ▶ 小的数会比了，大的数也就会了。

生2 ▶ 跟盖房子一样，地基要先打好。

生3 ▶ 比大数和比小数的道理一样。

师 ▶ 同学们说得真好，小问题里藏着大学问呢！学数学有个很重要的方法叫"化难为易"，先把简单的问题弄通了，再研究复杂的问题就会变得容易些了。

本课学生经历了发现简单分数比较大小规律的数学化过程，主要发展了学生的数学活动经验。至于应用发现的规律比较分数大小，还不能作为对所有学生的普遍要求。拓展延伸的主要目的是满足一部分学生的学习与发展的需要，也借此了解通过这节课的教学活动，有多少学生能够超越教材的要求。

不少教师也有这样的看法，本来就是研究分数比大小，会比不就得了吗？搞得那么复杂有必要吗？我认为，会比仅是目标之一，教学不能急功近利。我们要关注：学生的研究素材是否丰富，学生是怎么比较的，比较的方法是单一还是多样，与前面学过的知识或方法有没有联系起来，是否考虑学生后续的学习，是否使学生的认识得到了应有的深化和发展。而恰恰这部分内容是学生学习的难点。

资料表明，学生解决有关分数应用问题难的一个重要原因，是缺乏足够的表象支撑，没有达成对分数意义的理解。因此，需要让学生不断地借助直观进行体验，为今后进一步学习分数积累感性经验。基于这样的考虑，教学时我没有按照大家常规的做法（从现实背景中抽象出两个分数，放给学生探究或小组合作探究），而是选择了让学生分开探究（先是均分一个物体的，再是均分几个物体的），我觉得这样能给每个学生更多的独立思考时间，让他们去静静地思考如何借助手中的材料展开研究。因此，教师传递给学生的不应该只是静态的知识，还要包括动态的思考方式与灵活多样的解决问题的方法，教师应该是一个智慧的引领者。

让学生在问题中学会思考与发现

——以"分数的再认识（二）"为例

数学学习是一个不断探索与发现的过程。正所谓学起于思，思源于疑。基于问题的课堂，教师将学生的原始理解、困惑和认知误区转化为教学活动任务，在一个个活动任务驱动下，学生慢慢学会遇到问题如何分析、如何解决，在不断自我反思的过程中，学会学习。

下面以北师大版教材五年级上册"分数的再认识（二）"为例，谈一谈如何让学生在问题中学会思考与发现。

我们从对北京市海淀区翠微小学五年级 A 班 40 名学生的调研[1] 发现，尽管有15%的学生或者缺乏单位意识，或者思维停留在对整数度量的认知上缺乏"分"的意识，但是有85%的学生在面对具体的度量问题时，可以通过"分"得到更小的标准量（单位），用标准量进行度量，甚至还有学生可以通过不断地创建新单位进行度量。这不但为学生"从度量的角度进一步认识分数"提供了保障，同时为学生后续深入研究分数等提供了可能。

由此，对于这节课，我们有如下思考：

（1）在面对不足"1"的长度时，部分学生用分数表示测量结果存在困难。因此，让学生在"度量情境"中动手操作，经历分数单位和分数的产生过程，从而进一步认识分数。这也是本节课的重点。

（2）学生已经初步具备了"单位"意识，但是面对具体问题时，自主创建单位的能力和意识还可以进一步加强。因此，教学中应通过学习单的设

---

[1] 执教者：北京市海淀区翠微小学刘莲、张禹。

计，引导学生自主尝试，经历分数单位产生和累加度量的过程。

（3）基于学生已有的经验，借助小组合作的学习方式，充分发挥学伴间相互借鉴、相互启发的作用，提高学习效率，积累活动经验。

（4）基于教学内容的前后承接关系，引导学生感悟度量中单位的重要作用，为后续学习奠定基础，渗透单位思想。

具体教学过程如下。

活动一　引导学生从经验出发，感受度量单位的重要作用

师 ▶ 数学书是我们学习生活中的好伙伴，如果不借助直尺，你能够测量出它的长边的长度吗？想办法尝试一下，然后说一说你是怎样测量的，测量的结果是什么。

生1 ▶ 我是用橡皮测量的，结果是差一点不到这样5块橡皮的长度。

生2 ▶ 我是用铅笔测量的，结果是3支半铅笔的长度。

生3 ▶ 我是用练习本的长测量的，结果是 $\left(1个本 + \dfrac{1}{4}个本\right)$ 的长度。

……

师 ▶ 结合同学们刚才的测量过程和结果，你有什么想说的？

在交流和自主选择非标准单位测量数学书的过程中，唤醒学生的度量经验，让学生感受度量中单位的重要性（单位不同，测量结果可能不同），体会单位的价值，唤起学生的单位意识。

活动二　探究、体会分数单位的产生和累加过程，丰富学生对分数的认识

活动要求：请你以老师提供的纸条的长为1个单位，量一量数学书长边的长度。一边操作一边记录。先按要求完成个人学习单，然后组内交流想法，记录汇总后进行全班交流。

在测量数学书长边长度的过程中，学生发现用 3 张纸条测量还不够，而剩余待测量部分的长度又小于 1 张纸条的长度。（见下图）面对"待测量"小于"1 个单位量"的问题，学生根据实际情况，自觉地通过"分"来创建更小的单位进行测量。在尝试折纸环节，学生借助知识经验和生活经验，不断地去寻找新的测量单位（分数单位），在一次次的测量中体会着分数单位的产生和累加的过程。

组 1 中一名学生先把纸条对折后比了比，犹豫了一下，又拿起一张纸条对折了两次后摆在一起，发现它们刚刚好和数学书的长度是一样的。记录后又把其中的 1 个 $\frac{1}{2}$ 换成了 2 个 $\frac{1}{4}$。在组内交流时，组内同学不但对这几种测量结果达成了共识，而且发现用 6 个 $\frac{1}{8}$ 同样可以表示测量结果。（只截取不够 1 个单位量的图书一角展示，见下图）在互相启发下，大家还认为：用 $\frac{1}{16}$、$\frac{1}{32}$ 那样的纸条应该都可以，甚至只要"用分母是 4 的倍数的纸条"都可以！

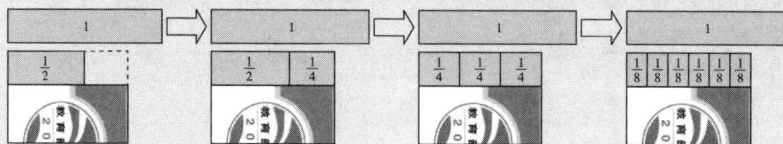

师 ▶（及时引导）看看你们组摆出的这三种测量结果，有什么不同？

生1 ▶第一种结果用了 $\frac{1}{2}$ 和 $\frac{1}{4}$ 的纸条；第二种结果只用了 $\frac{1}{4}$ 的纸条，用了 3 次；第三种结果只用了 $\frac{1}{8}$ 的纸条，用了 6 次。

师 ▶你们喜欢哪种方法？

生2 ▶都挺喜欢，前两种用的标准是 $\frac{1}{2}$ 和 $\frac{1}{4}$，用的个数少；第三种只用了 $\frac{1}{8}$，但是用得比较多，而且太小了不好折。

师 ▶如果整本数学书的长边都用 $\frac{1}{4}$ 的纸条去摆，你们觉得需要多少个这样的 $\frac{1}{4}$？

通过讨论，学生一致认为应该是 15 个——3 张纸条的部分需要 12 个，余下的部分需要 3 个，一共是 15 个。随后，组内学生一齐动手摆了出来。（见下图）

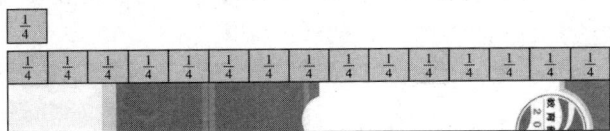

在独立探究中，教师给予学生充分的活动时间，学生在操作中不但"分"出了更小的度量单位，经历了单位产生和单位累加的过程，而且对单位的大小与单位个数之间的关系有了初步的感悟。组2学生组内交流汇总后，以小组形式汇报本组研究结果。（见下图）

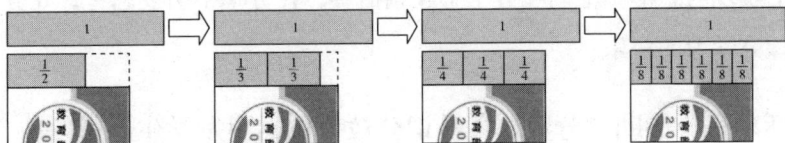

组2 ▶我们发现：

（1）把纸条对折就得到它的 $\frac{1}{2}$，用 $\frac{1}{2}$ 去测量，量一次不够，再量一次又多了，所以用$\frac{1}{2}$不能直接测量出余下的部分。

（2）把纸条平均分成 3 份，用$\frac{1}{3}$去测量，发现$\frac{1}{3}$不能直接测量出长度。

（3）把纸条对折，再对折，用$\frac{1}{4}$去测量，一共量了 3 次正好量完。所以，用$\frac{1}{4}$可以直接测量，结果就是$\frac{3}{4}$。

（4）用这张纸条的$\frac{1}{8}$量，一共量了 6 次。所以，数学书多出来的长度是$\frac{6}{8}$。

我们组的共识是：用除 2 以外的偶数做分母都可以，用$\frac{1}{4}$、$\frac{1}{6}$、$\frac{1}{8}$……这样的分数都可以测量出数学书余下部分的长度。

组3 ▸ 我们不完全同意他们组的结论，我们发现用$\frac{1}{6}$就不能直接测量出结果。（展示测量的过程，略。）

组4 ▸ 把纸条平均分成 5 份，用$\frac{1}{5}$去测量，$\frac{1}{5}$也不能直接测量出它的长度。把这张纸对折 4 次，就得到$\frac{1}{16}$。我们组猜想用$\frac{1}{4}$、$\frac{1}{8}$可以正好量完，用$\frac{1}{16}$应该也可以正好量完。（教师课件配合演示。）

学生在独立思考、尝试探究的基础上，分享着自己的研究过程：从遇到的问题和困惑，到解决问题的方法、策略，到尝试中的苦恼与惊喜，再到活动后的发现与感悟。他们在分享中互相借鉴，在分享中引发思考，在分享中感受探究学习的快乐。

┌─ **活动三　借助"分数墙"认识分数单位，引发学生思考** ─┐

师 ▸ 通过思考与操作，同学们发现了许多测量单位，让我们一起回顾一下刚才的研究过程。（出示部分分数墙，见下页图。）

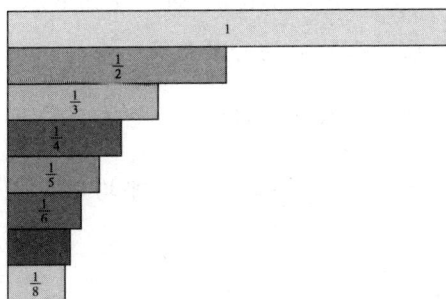

师 ▶ 这是单位"1"，我们找到了许多测量单位：$\frac{1}{2}$、$\frac{1}{3}$、$\frac{1}{4}$、$\frac{1}{5}$、

$\frac{1}{6}$、$\frac{1}{8}$······，那么还会不会有其他单位呢？

生1 ▶ 我发现还会有$\frac{1}{7}$。

生2 ▶ 我发现还会有$\frac{1}{10}$。

生3 ▶ 我发现只要把单位"1"平均分成不同的份数，就会有无数
个这样的单位。

师 ▶ 其实像这样作为标准的"分子是1"的分数，就是分数单
位。（板书）

师 ▶ 观察这面由分数单位组成的"分数墙"，你有什么发现？
（见下图）

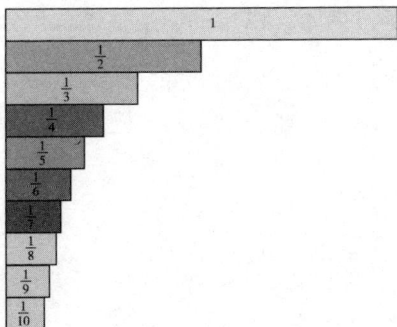

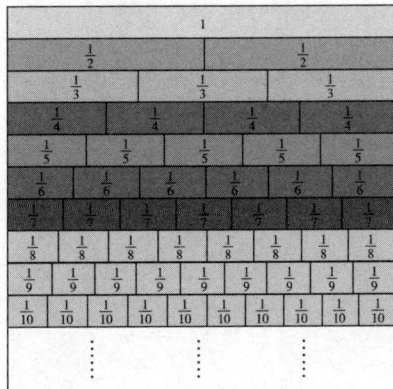

生4 ▸ 从上往下看每一份越来越小，说明越往下分数单位就越小。

生5 ▸ 我发现越往下平均分的份数越多，每一份就越小，它所包含的分数单位就越多。比如，$\frac{1}{3}$ 是把 "1" 平均分成 3 份，"1" 里面有 3 个 $\frac{1}{3}$。$\frac{1}{10}$ 是把 "1" 平均分成 10 份，"1" 里面有 10 个 $\frac{1}{10}$……

生6 ▸ 我还发现 1 个 $\frac{1}{2}$ 与 2 个 $\frac{1}{4}$ 和 4 个 $\frac{1}{8}$ 都相等。

生7 ▸ 我发现 6 个 $\frac{1}{7}$ 比 5 个 $\frac{1}{6}$ 大。

师 ▸ 同学们真了不起，通过自己的观察与思考有了这么重大的发现。可见，分数中蕴含着很多丰富的知识，在今后的学习中，我们将进一步研究。其实，刚才我们不断寻找测量标准的过程就是不断寻找分数单位的过程，你们觉得寻找分数单位有什么价值？

生8 ▸ 当测量比 "1" 小的长度时，可以用分数单位去测量。

生9 ▸ 有了分数，无论多大或多小的物体，我们就都可以表示了。

　　课堂上，围绕着课前聚焦的问题，教师紧紧抓住学生课堂生成的资源，通过学生观察比较、交流反馈，让学生再次回顾分数单位产生和累加的过程，引导学生发现 "分数墙" 中蕴含的丰富内容，以帮助学生整体认识分数单位，感受度量的意义和价值。

走向融会贯通、深度学习的课堂

——以三年级"除法"单元复习课为例

数学知识不是孤立存在的，而是互相联系的。基于问题的课堂就是要从问题出发，在一个个问题的启发下，帮助学生在头脑中建立知识网络，达到融会贯通，实现深度学习。这一点在复习课上也同样重要。

以三年级"除法"单元复习课为例，回想我们传统的复习课，将复习课等同于练习课好像是很普遍的现象，老师们往往通过专项练习课、单元测试、试卷分析等方式代替一节节复习课。以上方式足以让学生取得一个好成绩，让教师得到一组漂亮的"数据"。但我们应该意识到，上好复习课，使学生的知识系统化，对发展其思维能力、培养自主学习的意识，是极为重要的。对教师而言，它能弥补教学中的缺欠，提高教学质量，同时也是提高自身对教材、对学生把握的一种手段。

教师是如何教学复习课的？复习课上学生还会有哪些问题？如何基于问题设计一节有意义的复习课？我想，基于对学情透彻分析的复习课才是真实、有效的，我们应该听一听学生的心声。为此，我们对北京市海淀区万泉小学三年级（4）班 45 名学生进行调研，主要想了解学生对复习课有哪些印象、期待，以及"除法"单元学生的难点在哪里。[1]

【调研结果】

（1）一、二年级是怎么上复习课的。

通过调查，我们了解到，学生在一、二年级主要通过做书上"整理与复习"练习、做试卷或者老师带领总结易错题等方式上复习课。当我们追问：

---

[1] 调研者、执教者：北京市海淀区万泉小学苏占。

"这样上复习课有收获吗?"学生诚恳地回答:"有收获,但是没有意思,得强迫自己听讲。"

(2)学生对复习课的期待。

当我们问到"你对复习课有什么期待?"时,有82.2%的学生希望复习课是有趣的,能够在玩儿中学;有20%的学生希望能够在复习课中有更大的收获。他们的期待反映出以往复习课的问题:枯燥无味,重复练习,没有挑战。当问到"你打算如何复习第六单元?"时,近三分之一的学生选择做易错题的方式。不难看出部分学生还是有复习方法的,这也是我们比较认可且传统的一种复习方法。我们也了解到大部分学生不喜欢看课本,不太清楚怎么进行自主复习。

(3)除法的难点到底在哪儿。

我们让学生做了8道题,测试结果如下:

题目	96÷3	96÷4	406÷2	720÷6	618÷3	522÷4	1000÷8	525÷7
错题人数（人）	0	0	0	8（实际4）	2	3	1	0
错题率（%）	0	0	0	17.4（实际8.7）	4.3	6.5	2.2	0

尽管720÷6=120这道题的错误率最高,有8人出现问题,其中有4人计算对了,只是格式有点问题;另外4人中,1人口诀错,1人写错数,1人个位没有写商,1人没有写得数,说明大家对除法的算法掌握得比较好。

通过分析,我们觉得这节课要聚焦调研中发现的学生问题,重新调整学习目标,突出几个转变:学习内容的定位要从重知识到重方法,从重结果到重过程,从重结论到重发展;学习方式要从重教走向重学。

为此，在课堂上，我们组织了三个活动。

活动一 梳理例题，寻找联系

（1）展示典型例题，引导学生关注难度等级，体会排列顺序。

师 ▶ 课前，我们一起看书，回顾了这个单元我们都学习了哪些典型例题。哪位同学愿意到前面来给大家展示一下学习单，介绍一下每道题的学习内容是什么？

生1 ▶ $48÷2=24$，$48÷3=16$ 都是两位数除以一位数；$408÷4=102$，$840÷6=140$，$612÷3=204$，$522÷4=130……2$，$576÷6=96$ 是三位数除以一位数。一共学习了7道例题。

> 教师将典型例题按教材学习顺序呈现在黑板上。

师 ▶ 看看这7道例题，再看看你学习单上给例题定的难度等级，你认为这7道例题是按照什么顺序进行安排的呢？

生 ▶ 按照先容易后复杂的顺序安排的。第一、二题给了两颗星；后面的都给了三颗星。

师 ▶ 由简入繁，这是我们研究问题、学习知识最常用的一种方式。

师 ▶（小结）我们本单元学习了这么多内容，一共有11页。我们用7道例题就可以代表了，这说明编书的叔叔阿姨在出题时是经过认真考虑的！这7道例题是具有代表性的。下面我们就来研究研究这7道例题！

（2）体会典型例题之间的相同与不同。

A. 聚焦 0 占位。

师 ▶ 我们了解了编书的叔叔阿姨安排这 7 道例题的顺序，你再来看看这 7 道例题，还能发现什么？它们之间有什么相同和不同之处吗？

生 1 ▶ 前两道题的被除数都是 48。

师 ▶ 被除数相同。除数呢？分的过程一样吗？

生 1 ▶ 首位一个能分完，一个分不完。

师 ▶ 是的，48÷3 就是解决首位分不完的情况。

生 2 ▶ 接下来的 4 道题都是商中有 0 的。

师 ▶（追问）7 道典型例题中有 4 道商中有 0，这说明了什么？

生 3 ▶ 带 0 的问题很重要，很难，其实它们的情况也不一样。

师 ▶ 看来大家都感受到了商中有 0 的重要性。下面我们就来研究研究，让我们再次聚焦，把目光集中在这 4 道题上。它们有什么相同和不同之处吗？

生 4 ▶ 商中有 0 的还能再分为中间有 0 的和末尾有 0 的。408÷4=102 和 612÷3=204 是商中间有 0 的情况，840÷6=140 和 522÷4=130……2 是商末尾有 0 的情况。

师 ▶（追问）为什么商中间有 0、末尾有 0？

生 5 ▶ 被除数的十位或个位不够除了，就用 0 占位。

师 ▶（追问）什么叫作不够除？

生 5 ▶ 就是分十位或者个位上的数时，发现不够分了。

师 ▶ 不够分，把除法还原成我们最初的分物，会有利于大家的理解。

生 6 ▶ 被除数的十位、个位有 0，商的十位、个位也有 0。

师 ▶（追问）被除数的十位、个位有 0，商的十位、个位就一定有 0 吗？

生6 ▶ 百位或十位没有余数，十位、个位的 0 除以任何非 0 的数都得 0。

师 ▶（追问）这次你能用分物的方式解释吗？

生6 ▶ 也就是说十位或个位没有东西，也就没法分，所以用 0 占位。

师 ▶ 原来还是没法分。用一句话来说，就是不够分了，不能分了就得用 0 占位。

B. 首位不够除，商是两位数。

师 ▶ 为什么 576÷6，被除数也是三位数，商却是两位数呢？当被除数是三位数的时候，怎么判断商是三位数还是两位数？

生1 ▶ 百位上的 5 不够分，要看被除数的前两位，商在十位上，所以商是两位数。

师 ▶ 不够分，是刚才他给我们的解释，这个我们也都同意。不过我想提醒大家回忆一下商中间或末尾有 0 的情况，大家好像也是这样解释的吧？这说明了什么？

生2 ▶ 这说明其实这道题也属于 0 占位的问题呢。这说明它们是同一类问题。

师 ▶（追问）那为什么我们却不写 0 呢？

生3 ▶ 首位不用写 0。

师 ▶（小结）通过分类，我们发现 0 在商的中间、末尾出现，或者是在首位隐去，虽然位置不同，但道理是相同的！这就再次提醒我们，在研究一个问题的时候要通过研究它们的内在联系，透过现象发现本质。

　　利用好教材是摆在我们面前的一项必须完成的任务。通过研读教材，我们发现本单元的每一道例题都是有特点的，为此设计了"梳理例题，寻找联系"环节，将其中的 7 道例题作为本节课的研究载体。学生通过初读，读懂每道例题的内容和方法；再读，读出例题之间的区别和联系，最终对例题中蕴含的本质进行反思。通过从头到尾对例题研读，学生在自主探索与合作学习的形式中，理清知识脉络，学会分析归纳、整理复习的方法，进一步提高计算能力。教材中的题目看似是将除法分成了各种不同的类型，但从单元视角再回过头来看这些问题，可以发现其实教材是在传递一种理念：0 和其他数也是一样的，不够商 1 时就要商 0。因为课程都是由一节节分解开来的，所以教材将学生不容易理解的、易错的地方按课节进行了拆分。那么复习课就应该让学生认识到这些内容的相同之处，找到联系，体会到学习知识由厚（形式）到薄（本质）的过程。

活动二　重温分物过程，激发新发现

师 ▶ 你们知道吗，老师在整理这个单元的时候，也是从这 11 页书入手的，也发现了这 7 道典型例题，然后又聚焦到了最后这 5 道题身上。我发现这 5 道题是形式不同，道理相同。于是，我就选择了其中一道题，停下来仔细看了看想了想。（出示 612÷3=204。）

师 ▶ 我们为什么选择用除法来解决这个问题呢？

生 ▶ 因为是把 612 平均分成 3 份，求 1 份是多少。

师 ▶ 是啊。平均分，这是我们选择除法的原因。你们知道吗，很久以前，人们就开始用竖式这种方式解决复杂的除法计算问题，咱们一起来看一看，他们是怎么算的。（见下图）

A. 出示竖式，感受发展。

师 ▶ 看一看，想一想，你们明白它们的意思吗？

请大家：①借助学过的竖式或学具，看看能不能看懂这个"旧"竖式。②可以用你手中的笔圈一圈、连一连。③说一说两个竖式的相同和不同之处。（学生活动，小组交流。）

师 ▶ 哪个小组派代表试着说一说？

生1 ▶ 这个竖式也是从百位算起的，它先分掉了一个600，然后分12。把每一次的结果分层记录，最后加在一起，得到最终的商。

B. 对比算法，明确算理。

师 ▶ 再来看看我们的"新"竖式，想一想，它们之间有着怎样的联系？

生1 ▶ 它们的格式不同，但它们的道理是相同的，只不过"旧"竖式写起来特别麻烦。

师 ▶ 是啊，咱们的"新"竖式，省略了可以省略的，但道理是不变的。

C. 全面感受竖式的压缩历程。

师 ▶ （出示竖式的压缩过程，见下图。）看一看，说说你的感受。

生 ▶ 竖式越来越简单了，书写越来越方便了。

师 ▶ 这种简单有没有它的道理呢？请看大屏幕（略）。

师 ▶ 通过对比，我们发现形式上的化简是在道理相通的前提条件下进行的。这就提醒同学们，研究问题不仅要看表面现象，更要思考问题的本质。

师 ▶ 我们再来看看黑板上的 7 道例题，它们的道理是不是相通的呢？

生 ▶ 是，都是在分物。

师 ▶ 是啊，先分百位，再分十位、分个位，直到分完为止。掌握了这个道理，所有的除法问题我们就都能够解决了。

从学情分析入手，我们了解到许多学生的真实情况。比如，在本单元知识方面，学生好像没问题了，可事实果真如此吗？正确率高就一定没有问题吗？张丹老师的《小学数学教学策略》一书谈道："数的运算和运用运算解决问题是具有天然联系的，因此《标准》（注：指课程标准）将其整合在一起。于是，……数的运算就包括如下几条主线：数的运算的意义及四则运算之间的关系；获得运算的结果（包括估算、精确计算）；运算律及运算性质；运用运算解决实际问题。"很明显，就"数的运算"教学内容本身来讲，抽象性、逻辑性比较强，"运算的意义"又放在了"数的运算"的首位，这说明"运算的意义"既难于理解又十分重要。

在新课的学习阶段，我们已从学生的实际出发，力争设计合理的教学结构，使学生既能懂算法又能明算理，达到知识、能力、情感的同步发展。在复习课上，我们又该如何从学生的实际出发，设计合理的教学结构，使学生既能复习算法又能复习算理呢？我们想，让学生有再一次温习分物的经历，并能使之有效地实施，是我们本课设计的重点和难点。我们借助"旧"竖式这一特殊情境给予了学生重温分物的经历、感受算理与算法一致性的机会。学生也的确非常喜欢本环节，忘我地投入对"新""旧"竖式的比较当中。通过观察、比较，发现"新"竖式省略掉的是书写格式，保留的是分物的道理。学生再次体会到形式不同道理相同的本质。"重温分物过程，激发新发现"这一环节让我们认识到，复习课不但要复习算理，而且要创设一个学生感兴趣的情境，给予他们再次"重温"的机会。

活动三　自主出题，举一反三

师 ▶ 我看到大家在学习单上已经标出了易出错例题的易出错位置。能给大家说说吗？

生 1 ▶ 我标出了一个 0 占位的问题。

师 ▶（追问）既然它很难又容易错，你有什么解决的好办法吗？

生 1 ▶ 加强练习，分析错因……

师 ▶ 好吧，因为时间的原因，咱们先选择加强练习这种方法来试一试。

师 ▶ 我看到同学们已经出好了自主习题，哪位同学愿意来汇报你的成果？

生 2 ▶ $808 \div 4 = 202$，$416 \div 2 = 208$，$508 \div 4 = 127$。

师 ▶（追问）为什么 $508 \div 4 = 127$ 的商的中间没有 0？

生 2 ▶ 百位分完有余数。

师 ▶ 自主练习对复习又有什么作用呢？

生 3 ▶ 加强练习，查漏补缺。

师 ▶（小结）自主出题，是对巩固所学知识非常有效的一种手段。但光练还不行，我们还要分析错因，找到对策。

师 ▶ 通过今天这节课，你有什么收获？

生 1 ▶ 我们知道了这些 0 其实是一个意思。

师 ▶（追问）什么意思？

生 1 ▶ 代表不够分了。

生 2 ▶ 我还知道了复习方法。

师 ▶（追问）怎样复习？

生 2 ▶ 首先要看书，找到典型例题，分析它们的区别与联系，再有针对性地出练习题。

师 ▶（小结）是啊，学习其实就是要把书读薄，再把薄读厚。我们把书上许许多多的题归纳成了 7 道题，又把 7 道题归纳成了 1 道题，最后又自己创出了许多题。看来你们已经对如何复习有一些想法了。

当我们提供给学生一个机会体会知识学习是由厚到薄的过程后，是到此止步，还是继续前行？我们设计了"自主出题，举一反三"这一环节。学生在感悟算理算法一致性的基础上，分析易错题错因，有针对性地自主出题，这给学生初步尝试以自主出题的形式进行复习提供了一次机会。更为重要的是，在这一环节中，学生初步体会到 7 道典型例题所浓缩的 1 道例题（算理与算法的统一）并不是我们学习的终点，我们利用这道例题代表的意义，可以自主写出许多不同的除法练习题，体会学习知识由薄到厚的过程。更为宝贵的是，学生很喜欢自主出题的这种形式，这些计算题显现了他们对知识的理解，同时也给他们带来了更加强烈的成功体验。

回顾整节复习课，在带领学生自主阅读教材内容的过程中，学生感受到了知识点的丰富、内容的多样（丰厚）。在分享学习单的过程中，学生通过横向寻找知识点间的区别和联系，发现它们的形式不同道理相同，初次体会到学习知识由厚到薄的过程。"旧"竖式的情境既是给予学生重温算理的机会，又是在强调薄的本质所在（除法意义的不变）。在自主出题中，学生又经历了自主选择不同算式的过程，再次感受学习知识的由薄到厚。这样三个由浅到深的活动，让学生在解决问题中体会到数学知识不是孤立的而是互相联系的。

第四章

基于问题的
教学实践

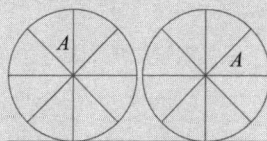

问题是学习的先决条件，它们是一扇展现创造力和
洞察力的窗口，它们激发新的思维，它们质疑过时
的假设，最终它们引领我们走向未来。

——塞拉特

本章选择了五个比较典型的实践案例，力求完整呈现问题从哪里来，如何立足问题设计教学，如何基于问题进行课堂的组织与实施。

第一个案例呈现的是在一所农村小学的实践。全班学生都做错了怎么办？当堂没有时间练习竖式写法会不会影响学习质量？一个月后，教师激动地给我打电话反馈，最容易出错的这部分内容，学生竟然极少出错，她模仿我的设计，对小数乘法进行了二次教学，以保证学生理解的质量。

第二个案例描述的是在一所大学的附属小学的实践。面对绝大多数学生知道结论的课堂，如何提高教学的针对性？提高难度吗？但一味地提高难度只能满足少部分学生的需求，带来的是多数学生的消化不良，长期下去会带来多数学生的营养不良。因为知道并不等于真正理解，学会了并不等于会学了，见多未必带来真见识。那怎么办？如何变换背景让学生暴露真问题？小学为中学打什么基础？这个案例给出了我的回答。

第三个案例聚焦在教师要有好奇心，要善于追问。做教学设计的过程就是一个从自己的认知困惑出发到渐渐明晰问题、解决问题再提出新问题的过程。教师需要长时间思考，要亲历一个像学生学习一样的完整的探究过程，包括做实验等。教师的体验有助于促成感同身受、有情有义的教学。

第四个案例谈的是当我们进行概念教学时，面对学生的认知误区，尽管对比学习是必要的，但更重要的是要让学生基于自己的原始认知，通过层层递进的活动，促进对概念的内涵和外延的理解……

第五个案例详细说明了一个好的活动任务是怎么来的。它展现了如何从学生可能的探究路径出发，不断调整调研任务、问题，一遍遍尝试、观察、反思、改进，透过层层深入的调研，找到合适的任务。

"一个案例胜过一打道理。"研究更多真实场景下的案例，帮助学生学会学习，是我们永远的任务。

　　除数是小数的除法究竟难在哪里？为什么难？该如何突破？执教过这一内容的老师们普遍反映，学生学习除数是小数的除法时出现问题较多，学起来比较困难。小数除法难似乎成了老师们的共识。这个难是因为内容本身对于该年龄段的学生就是难，还是教师执教过程中没有把握住影响学生学会、会学的因素，没有找准问题造成的？从教材入手，再通过问卷和访谈，我们找到了"难"背后隐藏的问题。

让"知识"成为学生真正的"营养"

——"除数是小数的除法"教学思考与实践

一、基于问题的思考

　　从教材前后联系看，"除数是小数的除法"是在学习"商不变的规律""小数点的位置移动引起小数大小变化的规律"和"除数是整数的小数除法"的基础上进行教学的。小数除法根据对小数点处理方法的不同，可以分成两种情况：一是除数为整数的，二是除数为小数的。由于除数是小数的除法都要转化成除数为整数的除法来计算，所以除数为整数的小数除法是进一步学习的基础。教材在此着力突出的核心数学思想是转化。

　　对这一课题，教师一般是这样教学的：先创设情境让学生探索，学生会想到不同的方法——有的把钱数都看成角来算，有的想到用"商不变的规律"来解决等。在此基础上，教师引导学生比较除数是小数的除法算式和前面学习的除数是整数的除法算式有什么不同、有什么联系，使学生体会到如果把除数变成整数就好算了。而怎么变成整数呢？利用"商不变的规律"。这样，问题得到解决。从上面的过程中我们不难看出，它很好地解决了怎么算的问题，但对为什么可以这样算并没有从一般意义上进行解释。

　　学生的情况又是怎样的呢？我为此对清华大学附属小学四（1）班 37 名

学生进行了问卷调查。主要想了解学生对除数是整数的小数除法的掌握情况，以及学习除数是小数的除法时他们可能遇到的困难。

调查题目是两道计算题：（1）$3.2 \div 5$；（2）$8.54 \div 0.7$。

学生的答题情况如下：

题号	答题情况	人数（人）	占总人数的百分比（%）
（1）	正确	35	94.6
	错误	2	5.4
（2）	正确	2	5.4
	没做	10	27.0
	错误（答案为1.22）	25	67.6

从答题情况看，学生对除数是整数的小数除法掌握得比较扎实，但绝大多数学生不能自觉利用已有知识和经验独立解决除数是小数的这类除法的计算问题，有2人获得了正确答案。

借助元、角、分背景思考问题的有2人，1人对，另1人虽转化成角进行了计算但却"画蛇添足"地把得数的小数点向左移动了一位；把被除数和除数同时扩大10倍进行计算的有2人，他们都是算完后再把结果缩小为原来的$\frac{1}{10}$；其他学生是先不看小数点来算，最后商的小数点是对齐被除数的小数点后来点的。

为进一步了解学生的真实想法，我从班中选择了代表低、中、高学习水平的10名学生（含调查中借助元、角、分的背景计算的2名学生）进行了访谈，让他们说说计算时是怎么想的，以确认学生的想法。学生很容易受前面学习的小数乘法、除数是整数的小数除法的影响。也就是说，学生不能有意识地结合除法的意义思考解决问题的办法。之后，我又让这10名学生说商不变规律，只有1人没说错。看来，四年级上学期学习的这个内容，到四年级下学期多数学生已记不清了。

此后，我又电话咨询了兄弟学校教过此内容的老师，我的调研结果跟他们上课时了解到的学生的情况是吻合的。

我们教学的主导思想是想停留在指导学生解题上，还是为了让学生获得真正的认知？是为了让学生"学会"，还是为了让学生"会学"？教师如何做学生学习的促进者？不经消化的食物，无以成为营养。未经真正理解的知识，未经真正内化的方法，也难转化成学生学习的"营养"。所以，我们的教学应该更多地关注学生思考的动力，关注学生对意义和方法的感悟。因此，我们需要进一步思考以下两个问题。

（1）商不变的规律：是直接应用，还是理解拓展？

学生在四年级上学期学习"商不变的规律"时，是在整数范围内建构这一知识的，现在扩展到了小数范围，它是否适用于小数？有必要对此进行说明。将整数除法运算扩展到小数，并不像加法和减法的扩展那么直接。为什么学生会常常搞错小数点的位置？为什么有的学生当时学的时候会了，过一段时间后又错？其中一个很重要的原因是没有真正理解。以往的教学存在着想当然的现象，以致这里成了学生认知结构中的一个盲点，不少学生的思路正是在此处被阻隔住难以前行。所以，教师必须明确：此时的商不变规律存在着理解层次更深、应用范围更广的问题，教师应该引导学生打通这一知识关节。

北师大版教材十分注重借助直观模型帮助学生理解数或运算的意义、算理，效果明显。在这里，能不能继续借助直观模型帮助学生理解运算的意义和算理呢？我想在这方面做一尝试，借助直观模型，使学生体会：把除数是小数的除法转化成前面学过的除数是整数的除法的目的是，要将被除数和除数都同时换成相同的度量单位来计算。算理通了，算法也就好掌握了。同时，学生就是忘记了商不变的规律，也能正确解决问题。另外，算理的理解也能帮助学生更好地记忆商不变的规律。

因此，我决定采取以下对策：分散难点，两步走。一解决为什么算，二解决怎样算。先找好方向，再在走的过程中研究怎么走。

（2）生活背景：是教师提供，还是学生主动联系？

将"解决问题"与"运算"紧密结合，是北师大版教材编排的一大特点。学生从一年级起至现在，一直没有脱离实际生活情景孤零零地学习过计算。然而一个令人尴尬的事实是，当我们的学生独立面对一个新问题时，能自觉联想到生活经验解决问题的人数极少。显然，这与小学生考虑问题不够周全的年龄特点有关。另外，我们平时的教学是不是也存在问题？我们的教学中，教师主动"给"的还是太多了。生活背景都是教师提前预置好的，当学生解决问题时就会从中获得某种暗示来联系生活背景思考。尽管学生有联系生活背景思考的体验，但这种联系并不能转化成学生解决问题时的主动选择，这与教师没有督促学生自主建立起算式和生活背景的联结密切相关。上述调查结果（仅2个自己想到用元、角、分的经验解决问题的学生）已充分证实了这一点。

所以，当学生有了一定的经验积累的时候，我们可适当尝试这样的设计：先不提供支撑数学问题的现实背景，让学生直接面对一个算式，看看他们能否主动联系现实的背景解决问题，当学生实在想不出的时候再给。把现成的东西给他，和让他意识到这个问题重要后有意识地去提取，是有区别的。

我们的教学追求是当面对新的数学知识时，学生能主动地寻找其实际背景，并探索其应用价值。也就是说，学生看到一个算式，应该首先想到：这个算式表示什么意思？联系算式的意义想从哪些方面解决问题？同时还应想到：解决生活中什么问题时需要用到这个算式？这个问题怎么解决？所以，如何让联系生活背景思考问题成为学生的主动选择，是数学教学必须承担的一个培养任务。

基于以上思考，我制定了下面的学生学习目标。

①利用已有知识、经验，经历探索除数是小数的小数除法计算方法的过程，初步理解算理，体会转化的数学思想。

②学习除数是小数的小数除法的竖式计算，进一步体会学习商不变的规律的意义和价值，初步养成乐于反思的习惯。

③提高主动还原实际背景解决问题的能力。

二、基于问题的教学过程①

┌─ 活动一　初探，尝试解决新问题 ─┐

师 ▸ 这儿有一道题，大家都没学过。你们是希望老师讲呢，还是自己先做？

生 ▸（不甘示弱地大声回答）自己做！

师 ▸（顺水推舟地）好，听你们的！

师 ▸（很快在黑板上写出算式：$5.1 \div 0.3$）这个算式表示什么意思呀？

生 ▸（七嘴八舌地）5.1 是 0.3 的几倍，5.1 里面有多少个 0.3。

师 ▸ 5.1 里面有几个 0.3 呢？赶紧算算看吧。

　　考虑到 $8.54 \div 0.7$ 中数比较复杂，学生后面画图麻烦，所以教师对教材中的数据进行了调整，改成了 $5.1 \div 0.3$。让学生试算是为了了解学生的知识基础、经验、可能的解决问题的办法。同时，给学生足够的时间思考，营造不愤不启的思考环境。

　　学生兴致勃勃地开始写。但没一会儿，好多学生就开始皱眉了，教室里静悄悄的。后来有的学生开始小声商量："你说怎么算？""我也不会呀。"

师 ▸ 我发现好多同学都在皱眉呢！这样吧，能自己做的继续做，不会做的想想你的困难在哪里，你需要什么帮助。然后打开桌上的信封，从信封里选一道题做一做。想一想，信封里的题和黑板上的题有什么关系？通过做题，你有什么新的想法？

———————————

① 调研后，因调课原因我没能给接受调研的清华附小的学生上成这节课，便到一所农村小学上了这节课。课堂上，学生们渴望探索的眼神，"恍然大悟"时的喜悦，让我坚信这条路是对的。

教师在信封里为学生准备了三道提示题：

温馨提示 1：铅笔每支 0.3 元，小红有 5.1 元钱，她能买几支铅笔？

温馨提示 2：一条彩带长 5.1 米，如果每 0.3 米剪成一段，可以剪几段？

温馨提示 3：5.1 里面有多少个 0.3，你能圈圈看吗？（见下图）

部分学生迅速打开信封看起来，教师发现完成的学生多数都错了，而且问题比较集中，就从中找了一个代表，请他把算式写到黑板上。同时请已完成的学生打开信封看一看，自己做的题目和信封中的题目有什么关系。教师两次提醒学生看信封中的学习材料，一是为有困难的学生提供思考背景，二是为已完成的学生提供反思背景。

活动二　交流，沟通理解算理

师 ▶（等学生算完后抛出问题）看黑板上同学的计算结果对吗？
为什么？（见下图）

学生马上开始验算，有学生急着举手。

生1 ▶ 不对，我算了一下，$1.7×0.3=0.51$，不等于5.1！

生2 ▶ 不对，$1.7×0.3$ 怎么能得5.1呢？$1.7×1$ 才得1.7。

师 ▶ 大家都通过不同的方法发现错了。以后大家养成习惯，算完之后自己马上先验算一遍，不用老师提醒就更好了。

生2 ▶ 可是我觉得对。把5.1看成5.1元，0.3看成0.3元来算。

师 ▶ 可以这样想吗？生活中有这样的问题吗？大家看这道题和你算的题有什么关系呀？（从课件中调出"温馨提示1"。）

生2 ▶ 生活中有很多这样的问题。解决您这个问题可以用 $5.1÷0.3$ 来计算。5.1元是51角，0.3元是3角，$51÷3=17$，可是因为刚才扩大了10倍，现在要缩小，要点上小数点。

有学生随着她的回答在点头，有学生急得摇头。

生3 ▶ 刚才是扩大了10倍吗？想想要不要再缩小为它的十分之一？

生4 ▶ 刚才没有扩大！5.1元等于51角，0.3元等于3角，它们是同样大的。

生5 ▶（马上跑到黑板前边指边说）刚才是看5.1元里有几个0.3元，这和看51角里有几个3角是一样的。（到此，大家的意见达成了一致。）

接着，学生又以剪彩带为例进行了说明。

生6 ▶（扬着手中的纸条说）画图也能看出来！

师 ▶ 刚才有多少同学画图了？（只有三五个学生举手。这可不行，一定要学生人人都经历，这样，学生的理解才会是深刻的。）现在大家能不能在老师发给你的纸上画画看，我在图中怎么找不到0.3呢？

学生又一次静下来。只见有的学生很快就画好了，有的拿着纸条一筹莫展。后来，会的学生开始悄悄帮助不会的学生。学生画好后，争着汇报。在学生汇报时，教师重点让大家看图理解 5.1 里面有 51 个 0.1，0.3 里面有 3 个 0.1，看 5.1 里面有多少个 0.3，实际上就是看 51 里面有多少个 3。

紧接着教师在 5.1 除以 0.3 的上面写 51÷3、510÷30、5100÷300，问学生它们等于几以及他们是怎么想的，引导学生理解：后面两题可以分别看成 51 个 10 除以 3 个 10，51 个 100 除以 3 个 100，所以只要算 51÷3 就可以。这时，有学生喊"商不变的规律"。

师▶ 在小数除法中也有这样的规律吗？（在 5.1÷0.3 的下面写：0.51÷0.03。）

生6▶（抢着说）51 个 0.01 除以 3 个 0.01……

师▶ 问题解决了。大家有没有发现，虽然每个人想的角度不同，但都达到了同样的目的，那就是都转化成了除数是整数的除法来计算。我特别敬佩没看提示就能自己解决问题的同学，当面对新问题时，他们能想办法利用自己的生活经验和学过的知识解决问题。我也同样佩服开始没找到方法的同学，他们能分析出自己的问题在哪里，及时进行调整。大家都很会学习，让我们把掌声送给自己。

学生高兴地鼓掌，很有成就感的样子。

┌─ **活动三 再探，理解算法** ─┐

师▶ 竖式是用来帮助我们表达思考的过程和结果的，谁来试着修改一下刚才我们的竖式，并说说为什么这样改？

上面的学生讲，下面的学生补充。教师适时讲解。（略）

💡 专家点评

重要的是这份教学洞察力

中央民族大学　孙晓天

　　除数是小数的除法是通过转化为整数除法来计算的，这个转化的杠杆被称为"商不变的规律"。按理说，有了这个性质，无论除数是小数，还是被除数是小数，或者除数和被除数都是小数，相关的除法问题就都迎刃而解了。可在现实的教学中，结果却并不是这样。例如张红老师就发现，明明是上学期刚学过的内容，但到下学期再做除数是小数的题目时，学生的错误率竟相当高，即使是那些做对了的学生，对什么是"商不变的规律"也几乎不知所云。学生的这些表现，引起了她的深思。

　　实际上，这种表现为"没学会"或"不扎实"的问题在教学中很常见。传统上多归因为：学生上课时专注度不够，对知识点（如商不变的规律）记得不牢，题目做得少，等等，都是从学生方面找原因，应对也是针锋相对——要求学生多做练习，向勤学苦练要效果。大家熟悉的精讲、记忆、题型、重复训练等，就是这样经过长期积累、逐步固化而成的教学经验。每当此类问题出现，这些经验就条件反射般的成为解决问题的首选。

　　长期浸润在小学数学教学环境中的张红老师，肯定也熟悉这些策略，也正因为熟悉，她深谙这些策略"伤敌一千，自损八百"的特征。的确，无论是背诵还是重复训练，只要肯付出，总能产生一些效果，但不明就里的付出，也会不断消磨小学生对数学的新鲜感、喜欢和好奇。搞不好，学业负担加重了，可问题依然还在，付出的越多，与数学反而渐行渐远。所以，张红老师的想法是，解决诸如"没学会"这样的问题，首先要避免盲目地照搬经验，先找到问题的症结所在，然后对症施策。同时在具体实施过程中，努力保持知识、能力和品格之间的整体协调发展，尽量在数学学习与学生的素养培育之间达成适度的平衡，这才是符合小学生身心发展需要的小学数学教学之策。

听起来，这套教学之策不无道理，但在常态的教学活动中，教师该怎么做呢？听上去似乎有点难。

我们欣慰地看到，张红老师通过悉心的探索，已经给出了一个有事实支撑的答案。她提出的问题和得到的结论都简洁明了，一点也不复杂，前面提到的教学之策中的所有要素，都已蕴含其中。她用清晰并带有画面感的文字，对这次教学探索的由来、发展与过程都做了比较详尽的介绍，对其中蕴含的教学道理、教学设计的依据、教学策略的路径与实施、反思与讨论等，都进行了深入浅出的分析。读者如果读得慢一些，在需要的地方停下来想一想，相信能从中感受到那种教学研究与教学实践融为一体的氛围，汲取到对自己有益的教学营养。

下面仅说说我个人感受最深的一点。

学生学过分数是小数的除法，但仍出现形形色色的问题。对此，张红老师不是就事论事或直接照搬老经验，而是首先考虑去追溯学生不同表现的共同之处找到源头，寻找产生问题的主因。她经过分析之后认为，虽然看起来这表现为学生的问题，但学生的表现都与教学有关，都事关小数除法教学目标的设定。于是，她把到底"是为了让学生'学会'，还是为了让学生'会学'"视为导致学生对小数除法学完就忘的根本原因。这一分析可谓是一语中的。

"学""会"二字的顺序之差，反映了教学实践中两种不同的目标取向及不同的实施路径。从目标看，"学会"是"为了培养学生的解题能力"，"会学"（学会学习）"是为了让学生获得真正的认知"。从实施路径看，"学会"直接套用传统教学经验即可，但"伤敌一千，自损八百"不可避免；"会学"则仅通过"老师讲学生听，老师要求学生做"就远远不够了，教师的"教"必须走出一条新路。从学习效果看，"学会"可能看起来效率高，但来得快，去得也快，只是短期效应好；"会学"短期效果可能不明显，但来得慢，去得也慢，有助于"真正的认知"，放眼长远。

例如，"商不变的规律"到底是"学会"的对象，还是"会学"的结果？长期以来，我们都把它作为"学会"的对象，以为记住它，小数除法就会无往而不利。张老师用事实告诉我们，"学会"表现出的急功近利，恰恰是学生记不住、用的时候想不起来的原因。而"会学"是从算理的角度理解"商不变的规律"的钥匙。把握被除数、除数和商之间的关系，才是容许遗忘，也能自主寻回的能力。虽然这样看起来有点慢、"效率"低，但它是一种"真正的认知"。

张红老师的观察、判断与归因，体现出一种难得的教学洞察力。

洞察，通俗点说就是透过现象看本质。洞察力，就是透过表面现象精准推断事件背后根本原因的能力。在教学领域，这种洞察的精髓在于：透过学生的表现，反思教学的关键问题；通过改进教学，完善学生的学习表现。张红老师的洞察，实在是当前推进教学改革与发展最需要的元素，可以为许许多多"条件反射"式的传统教学经验提供一面镜子。

国家 2035 年远景目标已经明确，相信每一位教师都有跟上时代发展的愿望，都会怀有一份改革之心，但往往囿于理想与现实之间的差距，常常会在考试教育与新课程理念、传统经验与教学新要求之间彷徨，在"学会"与"会学"之间难于取舍。在这个意义上，张红老师的这份洞察力，应当成为我们分享她经验最重要的启示。

如何在熟悉的地方发现新风景？部分教师可能会有这样的问题：平行四边形的面积对学生来说没有什么困难，是真的没问题吗？变换背景后学生会遇到困难吗？我们透过一道题目发现了学生的问题，课堂上引导学生在问题中学会思考与发现，这节课的思考和实践过程很好地诠释了"没有"问题怎么办。

寻找教学起点，澄清认识误区

——"平行四边形的面积"教学思考与实践

一、基于问题的思考

图形面积的探索和应用，不仅有利于学生解决实际问题，而且对学生认识图形的特征和图形间的相互关系、发展空间观念是大有好处的。因此，北师大版教材把通过度量发展学生的空间观念作为教学的重点。对小学生来说，空间观念的建立必须借助多种素材，通过观察、操作、想象、推理等多样的活动来实现。为此，教材在教学平行四边形的面积之前，通过三节课让学生浸润在直观素材中，通过活动不断体验图形形状变化与面积大小变化的关系，初步掌握利用方格图数图形的面积和比较图形大小的多种方法，认识平行四边形的底和高。

平行四边形相邻两边的夹角不是直角，要得到它的面积需要将其转化成长方形。这一转化的实质是把一般化归为特殊，把未知转化成已知。这是学生第一次用转化的思想方法推导面积公式。后面其他平面图形面积公式的推导都要用到转化的方法。同时，把三角形、梯形转化成平行四边形比转化成长方形更简单更直接，圆面积公式推导时也要把圆转化成近似的平行四边形或长方形来计算，因此，探索好"平行四边形的面积"，就等于架起了一座通往解决平面图形面积的桥梁。

对于割补，对于图形间的关系，对于转化的思想方法，是需要反复经历、反复体验的。因此，教材在第一节和第三节都有把平行四边形转化成长方形的操作活动。但"熟悉的地方无风景"，这节课再让学生经历，学生还有兴趣吗？学生还愿意投入地去"剪拼"吗？在做的过程中，学生还会投入地思考吗？

根据以往的经验，这节课的难点主要有两个：一是理解为什么要把平行四边形转化成长方形，二是理解"等积变形"的意义。而通过上面的分析我们已经看出，本课探究的难点已经在前面分散。那学生学习的难点在哪里呢？

为进一步了解学生的真实想法，我对清华附小五年级的学生进行了调研，主要想了解学生已有的知识基础，了解学生对平行四边形面积的原始理解以及学生在认识上可能存在的误区。

1. 问卷部分（有效问卷 33 份）

题目	答题情况	
1. 画出下面平行四边形的高。	能正确画出高（33 人）	100%
2. 下图的面积是多少？你是怎么得到的？（每个小方格的面积表示 1 平方厘米。）	能运用转化方法正确数出面积数（32 人）	96.97%
	转化后数错面积数（1 人）	3.03%

2. 小组观察（抽取 6 名学生）

出示题目：

你能想办法得到这个平行四边形的面积吗？请用文字、算式或图画来说明你这样做的理由。

有 5 人能轻松地将平行四边形转化成长方形来解决问题，而且能讲清转化后的长方形和平行四边形的关系；有 1 人无从下手。

学生真的没有问题吗？学生头脑中已有的原始概念是隐蔽的，怎样让它们"暴露"出来呢？我突然想到曾听学校教五年级的老师谈到教学平行四边形面积时，学生有一道题出错较多，借用这一素材能否发现学生的问题呢？

于是又让这 6 名学生回答下面的问题，并说明判断理由。题目如下：

把一个长方形框架拉成平行四边形（见下图），这个平行四边形的面积和原来长方形的面积相比（　　）。

A. 不变　　　　B. 变大了　　　　C. 变小了　　　　D. 无法确定

下面是这 6 名学生写的判断理由。

1. 1 名学生说面积不一样大。尽管表述不太严谨，但可以看出他是基于真正理解做出的判断。（见下图）

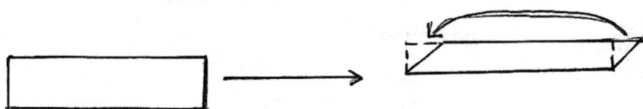

答：长方形大，因为平行四边形可以平移成一个长方形。这两个图形状一样，但宽不同。

2. 5 名学生说面积一样大。情境本身太多的相同使学生造成了错觉。

（1）认为平行四边形转化后的长方形就是原来的长方形。

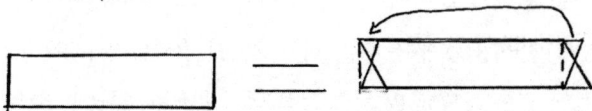

一样大，因为长方形的一边往左按，往右边少的面积在左边，所以一样大。

一种可能是学生不理解或没有进一步思考平行四边形和转化后的长方形实质上有什么关系；另一种可能是题中出示的两个图形，高看上去好像是一样的，所以学生认为长方形的高和平行四边形的高是一样的。

（2）认为平行四边形的面积是两邻边相乘。

一样大

（边平行）四边形面积="边×边"或长×宽

答：一样大。因为两种形状长乘宽的答案一样

这部分学生从长方形的面积等于长乘宽，推测平行四边形的面积是两邻边相乘的积。长方形是特殊的平行四边形，能进行这样的推测说明学生已经有了一点合情推理的意识，当然作为特殊的平行四边形，长方形的长与宽也是它的底和高。由此可以推测平行四边形的面积是底和高的积，但小学生是极难想到这一点的。

（3）认为周长相同，面积也相同。

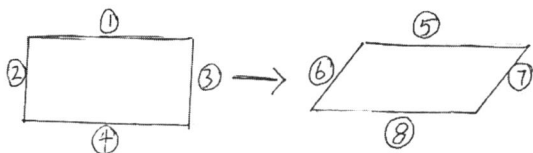

①=⑤　②=⑥　③=⑦　④=⑧　长方形=平行四边形

学生说同一个框架，四条边都没变，周长相同，所以面积也相同。

另外，多数学生是看到差不多大就判断一样大，如果教师不追问，他们也不会思考为什么是一样的；同时，学生在几乎看不出高到底有没有变化的情况下，也不会去想通过什么途径得到正确的判断，他们还不能用联系变化的眼光来看问题。学生知识水平有限，对知识的理解往往存在片面性，对问题理解得不够深入，这是正常现象。作为教师，我们需要透过现象分析问题背后的原因，并寻求突破。

这节课最为核心的内容应该是，帮助学生理解高对平行四边形面积的影响以及等积变形的实质，从而不断帮助学生提高深入思考问题的意识和能力。

那能不能将"一个长方形框架和由它拉成的一个平行四边形的面积谁大谁小"作为探究的核心问题,让学生经历从猜想到验证的过程,使学生在直观感受平行四边形的面积大小跟什么有关的基础上,自然地推出平行四边形的面积呢?

经过进一步的学习和反思,我觉得这样做是可行的。由此,我确定本课的学生学习目标如下。

①经历平行四边形面积公式的探索过程,理解公式的由来。

②在操作、观察、比较等活动中,体会转化思想和转化方法,提高观察与推理能力,发展空间观念。

我为学生设计出以下学习路径。

①在动态背景下直观感受平行四边形面积大小和高有什么关系。

②在静态背景下体会平行四边形与转化后的长方形有什么关系。

③反思长方形、平行四边形和平行四边形转化后的长方形有什么关系。

以上探索的意义和价值在于:

(1)不仅能使学生"学会",还能使学生"会学"。

《美国老师怎样教数学》中有这样一段话:"只讲已知的正确的东西,忽略让学生去证实或证伪自己的假设,就是忽略了学生的怀疑精神的培养。鼓励学生去证实或证伪某个假设,强调的是自我教育。"在动态与静态的背景下研究变与不变的规律,现象的反差和矛盾使学生产生认识和情感上的"冲突",这会激起学生研究的欲望。在这个过程中,学生一步步澄清平行四边形的面积是什么、不是什么,获得真正的数学理解。从中学生还会进一步感受这样一个重要的数学方法:只要举出一个"反例",就可以推翻一个猜想。同时,不断比较和反思可以帮助学生学会抓住解决问题的关键思考问题,从而掌握一种思考和解决问题的方法。在整个过程中,学生获得的发现是真实的、全面的、深刻的,同时发现的过程具有一定的挑战性,不同起点的学生都会获得发展。

(2)有利于学生几何直观经验的积累。

查阅了一些资料,发现大家对几何直观的说法不一。我比较认可徐利治的提法:"几何直观是借助于见到的或想到的几何图形的形象关系产生对数量关系的直接感知。"这与课程标准中的描述"几何直观主要是指利用图形描述和分析数学问题"是基本一致的。本课自始至终都在帮助学生积累几何直观的经验。在研究这节课的过程中，我还想到一个问题：为什么我以前上课时也让学生观察过框架的变化，但对角度的变化我为什么没有关注到？显而易见的现象为何我视而不见？原因很多，也许最重要的一点是我备课时更多考虑的是怎么推出公式吧。小学为中学打什么基础？如果我们的学生将来到初中学习锐角三角函数时，脑子里能有这样的表象——框架拉动过程中角度变小，高度也变小，也就可以了。

另外，需要说明的是，难度大了，有教师会担心影响学生对基础知识的掌握，会使不理解的学生更糊涂。

但如果把问题放到学习平行四边形的面积之后，学生解决问题时会更多地从公式出发思考问题，这样就失去了很多直观感受的机会。同时在平时的学习过程中，学生更多遇到的是"静止"的图形问题，类似此类有变亦有不变的"运动"图形，学生很少接触，所以有必要对这一资源进行挖掘。思虑再三，我觉得解决的办法就是放慢脚步，不期望一节课解决所有问题。没完成的任务放后面课时完成，也不会影响学生对基础知识的掌握。

波利亚说："一个专心的、认真备课的教师能够拿出一个有意义的但不太复杂的题目，去帮助学生发掘问题的各个方面，使得通过这道题，就好像通过一道门户，把学生引入一个完整的理论领域。"本人愿在这方面做一尝试。

二、基于问题的教学过程

┌─ **活动一　直观感受平行四边形的面积与什么有关系** ─┐

1. 提出问题，收集想法

师 ▶ 大家看，这是一个长方形框架。（将框架贴到黑板上，动手轻轻一拉）现在，它变成什么形状了？

生 ▶ 平行四边形。

师 ▶ 这个平行四边形和原来的长方形比，谁的面积大？你是怎么想的？

生1 ▶ 一样大，因为边都一样。

师 ▶ 还有谁补充或有其他意见？

生2 ▶ 变小了。

……

> 学生纷纷发表自己的意见，归纳起来，主要有两种：
>
> 第一种意见：认为面积一样大，原因有这样几种——一是凭感觉盲目判断，说的理由是看着像一样大。二是基于自己的经验做的判断或猜测，理由有：（1）平行四边形是从一个长方形变来的，都是四条边，只不过斜了一下；（2）两个图形周长相同，面积肯定也相等；（3）都是邻边相乘，因为两种形状的长乘宽的答案一样；（4）平行四边形可以剪拼成长方形，剪完后将这个三角形挪到那边，还是一个长方形；（5）沿着斜边摆正方形和沿直边摆一样多（这样说的同学并没有亲自摆摆看）。
>
> 第二种意见：长方形面积大，理由是因为两个图形长相同，宽不同。
>
> 教师根据学生的回答板书：

一样大： 周长相同 邻边相乘 剪拼	长方形面积大： 两个图形长相同 宽不同

2. 观察操作，反思修正

师 ▶ 大家的意见不一致，而且现在我们的判断只是一种猜想，需要进一步去验证。刚才一部分同学通过分析框架前后的变化情况得出了结论，另一部分同学是想象着把平行四边形剪拼成长方形进行了比较。下面咱们就在他们思考的基础上进一步收集信息，寻找证据，判断上面的说法是不是合理。你们每个人手中都有一个这样的框架，请动手拉一拉，边拉边观察，在把这个长方形拉成平行四边形的过程中，什么变了，什么没变。

学生活动，教师板书（见下图）：

拉成

长方形 ⟹ 平行四边形

在经过一段时间的操作感知后，学生纷纷表示有新发现。

生1 ▶ 平行四边形的面积变了，不是没变。大家看，老师刚才只拉了一点，不明显，我再拉，（可以看出它）是变小了。

生2 ▶ 你这个平行四边形不是老师的那个。

生3 ▶ 我补充，是这样的，你一直拉下去，它会越来越小，直到面积没有了，变成0，这时上下两条边重合。我推断它会越来越小，把长方形轻轻一拉，平行四边形应该就比原来的长方形小了点。（有学生点头，有学生说没小，还有的说好像底变长了。）

师 ▶ 我们一起拉一拉，从一个长方形拉成一个平行四边形，拉到底，咱们再拉回来，面积的变化真是有规律的。刚才有同学说拉到底的时候，底变长了，是吗？

生4 ▶ 不是，是底和它的邻边连成一条线了，底和它的邻边的夹角变成180度了。

师 ▶（在学生讲的同时，配合课件演示，底用红线，邻边用蓝线）这时是不是面积为0了？

生5 ▶ 老师，我有新发现。平行四边形的"宽"变了。

师 ▶（笑笑）没听懂。

生5 ▶ 大家看，原来长方形的时候是这么宽，越拉越扁，宽就越来越矮，面积就越来越小。（其他学生都点头表示同意。）

师 ▶（拿出特殊学具，长方形框架的宽边多加了一根同样长的木条）这位同学的发现非常有价值。大家看，原来长方形的宽是这么高，现在拉一下，它变得越来越矮了，我把它画下来。平行四边形的四条边都可以作为底，高是以一条边为底边，过底边的一个点到另一边的垂线。这条线段我们叫作平行四边形的高。我们看，当底的长度没有变化的时候，高越矮，平行四边形的面积就——（生：越小。）

师 ▶（拿着特殊教具）这个平行四边形的高在哪儿呀？请指一指。长方形是特殊的平行四边形，它的高在哪儿呀？长方形的宽就是它的高（演示）。

生6 ▶（非常兴奋地）还有，高越来越矮的时候，它对着的角也随着越变越小，面积就越来越小。

师 ▶ 你关注到了别人没有关注到的现象——角的变化，咱们掌声鼓励。我们研究图形的特点，既要研究它的边的特点，也要研究角的特点。观察图形的变化也一样。

3．在思辨中提炼关系

师 ▶ 我们好好梳理一下，在把长方形拉成平行四边形的过程中，什么变了，什么没变。

生 ▶ 四条边的长短没变，两条邻边没变，周长没变。但图形的样子变了（教师指黑板：长方形变成了平行四边形），高变短了，角度变小了，面积也变小了。（教师补充板书，见下页图。）

```
                        拉成
长方形  ———————————————————————▷  平行四边形
            面积变（高变、角度变）
            周长没变（四条边没变）
```

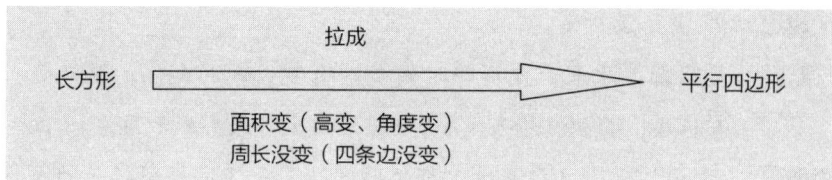

师 ▶ 刚才大家观察到了一些很重要的现象，但仅有这些是不够的，我们还需要进一步观察、思考：这些现象之间会不会有什么关系呢？为什么周长没变？为什么面积变了？再观察、思考：可能是什么变化导致面积变化的呢？（课件出示运动过程，见下图。）

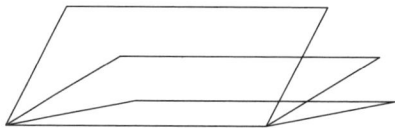

生1 ▶ 长没变，高变短了，夹角变小了，面积也跟着变小了。面积随着高和角度的变化而变化。

活动二　探索平行四边形的面积与什么有关，有什么关系

师 ▶ 刚才我们通过拉动框架，发现规律，推断出长方形框架拉成平行四边形后，面积变小了。刚才还有同学说，我们还可以把长方形和平行四边形的框架拓下来，比一比。

师 ▶ 为方便大家研究，我把一个长方形的框架描下来了，再把由它拉成的一个平行四边形也沿边描下来了，你能想办法比较出谁的面积大吗？

　　学生有的画格子，有的剪拼，有的计算。等多数学生完成，大家开始交流。

生1 ▶ 我是数格子。一个是15个格，一个比15格多。所以长方形

的面积大。

生2▶ 我是剪拼完再数的格子，发现长方形的面积大。

师▶ 你这个剪拼后的长方形能代替原来那个平行四边形吗？为什么？它们形状不一样了呀！

生2▶ 形状虽然变了，但面积没变。我把右边沿着高剪下来的图形补到左边去了，

师▶ 为什么要沿着高剪？

生2▶ 这样把平行四边形变成长方形，放在一起好比、好算。

师▶ 刚才是谁说剪拼后面积一样大的？（这样说的学生冲老师做了个鬼脸。）放在一起一比，我们就能很清楚地看出谁大谁小了。想象一下，如果我从刚才拉成的平行四边形中找几个，把它们转化成长方形，会是什么样呢？（课件演示，见下图）看，跟你想的一样吗？

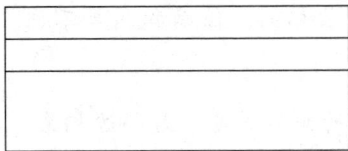

师▶ 为了使大家看得更清楚，我们用这两张大一点的纸代替你手中的纸来说明一下你是怎么算的好不好？（教师在黑板上贴了两张大一点的纸，学生回答略。）

师▶ 刚才大家都把平行四边形转化成长方形来算，大家不会算平行四边形的面积，但长方形的面积我们会求，大家就想办法把平行四边形转化成长方形，把新问题利用旧知识来解决，真好！转化是一种很重要的数学思想方法，在今后的学习中还会经常用到。（板书：转化。）

师▶ 平行四边形转化为长方形后，它的什么变了？什么没有变？

生3▶ 形状变了，面积没变。

师 ▶ 那我现在给你任意一个平行四边形，你会求它的面积了吗？怎么求呀？为什么？

生3 ▶ 剪一剪。

生4 ▶ 直接用底乘高就可以了。大家看，把平行四边形剪开，拼成一个长方形。这个长方形的长就是原来平行四边形的底，宽就是平行四边形的高。长方形的面积 = 长 × 宽，平行四边形的面积 = 底 × 高。它们是一样的。

师 ▶ 任意一个平行四边形都可以转化成一个长方形，它的长、宽分别和原来的平行四边形的底、高相等，它的面积和原来的平行四边形的面积也相等。如果我们用 S 表示面积，用 a 表示底，h 表示高，那么平行四边形的面积公式是什么？

生 ▶ $S = ah$。

师 ▶ 学到这里，你要不要改变原来的想法？

生5 ▶ 周长相同，面积不一定相同。拉得很扁的平行四边形跟长方形的周长相同，但面积明显不同。（看课件，老师当助手。）

生6 ▶ 平行四边形的面积肯定不是邻边相乘，因为我们看到邻边都一样，但面积却变了。（指课件，老师当助手。）

生7 ▶ 长方形的高正好在外边，平行四边形的高在里边呢。

师 ▶ 长方形是特殊的平行四边形，求它们的面积都可以用底乘高。长方形的高就是它的宽。今天这节课我们大家一起对平行四边形的面积进行了探索（板书）。通过这节课，大家不仅自己发现了求平行四边形面积的方法，还发现了究竟什么是真正影响平行四边形面积的量。有同学可能会问了，角度的大小到底跟高、跟面积有什么关系？我们到中学会接着研究。这节课只是我们研究的开始，今后我们还要对其他图形的面积进行研究，相信你会有更多的发现。

活动三　对比思考，体会面积关系

师 ▶ 对比一下，原来的长方形、平行四边形、转化后的长方形三者之间有什么关系？（略）

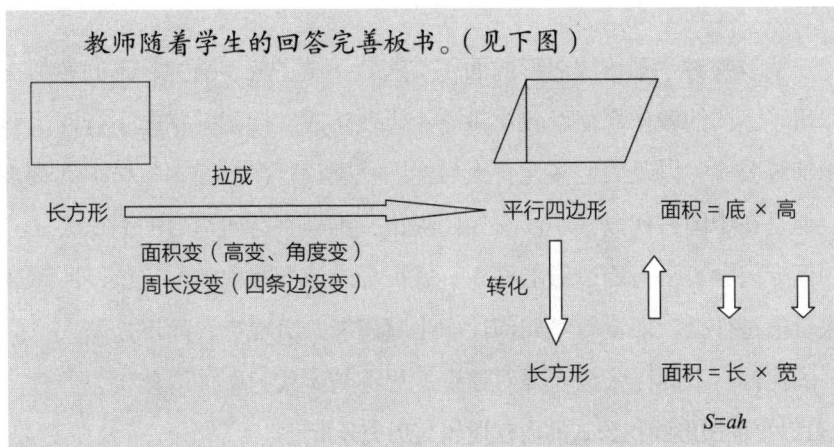

教师随着学生的回答完善板书。（见下图）

长方形　　拉成　　→　平行四边形　　面积＝底×高
面积变（高变、角度变）
周长没变（四条边没变）　　转化　　长方形　　面积＝长×宽

$S=ah$

💡 **专家点评**

以"真问题"促学生"真探究"

北京教育学院　刘加霞

一线教师对"平行四边形的面积"这节课做了较多研究，不同教师执教时采用了不同的教学思路、教学策略，以便达成"探索并掌握平行四边形的面积计算公式"以及其他多元育人目标。我国现行多个版本教材中都有该内容，但是在中国古代数学中没有专门提出并推导平行四边形的面积公式。教材为何专门学习平行四边形的面积公式推导？该课程内容的定位及所承载的育人价值是什么？课堂教学如何让学生真思考、真探究，而不是陷入"假探究"的泥淖？下面以张红老师对该课的思考与实践为例加以分析。

1. 平面图形面积公式的内在逻辑与历史分析

中国古代数学（面积问题主要集中在《九章算术》及刘徽的注中）中各种图形面积公式产生的逻辑顺序是：长方形、三角形（先直角三角形再一般三角形）、梯形（先直角梯形再一般梯形）、圆形以及弓形、环形，也研究宛田即球冠等立体图形的表面积。其中，直边图形是以长方形（方田）面积公式为逻辑起点，《九章算术》提出其面积公式是"广从（纵）步数相乘得积步"，刘徽对该公式未证明而是给出了面积定义：凡广从相乘谓之幂。其他直边图形面积公式推导以此为论证出发点，刘徽运用"以盈补虚"方法证明了三角形（圭田）、梯形（邪田、箕田）面积公式。查阅数学史资料可知，中国古代数学著作中没有平行四边形面积公式及其推导。

作为课程内容，1952 年俞子夷主编的人民教育出版社出版的《高级小学算术课本》中，基本是按照中国古代数学的逻辑顺序编排平面直边图形面积内容，即先学习长方形面积然后学习三角形面积，将三角形面积问题转化为长方形面积得以推导出来，其他直边图形转化为三角形来推导面积公式。但是在 20 世纪 60 年代之后，多个版本教材都单独增加"平行四边形的面积"内容，教材编辑顺序大多数是：长方形、平行四边形、三角形、梯形、圆形以及扇形（有的不要求），有的教材中"三角形"与"梯形"顺序互换。

中国古代数学为何不研究平行四边形的面积？我个人认为原因如下：平行四边形的形状"既不方也不正"，不符合中国文化特点；更主要的原因是，任何平行四边形都可以很直观、很容易地转化为两个全等的三角形，其面积问题可转化为三角形面积问题。从数学学科角度看，长方形的面积公式是基础，三角形的面积公式最重要，任何平面直边图形都可转化为几个三角形，有三角形的面积公式就够了。

那么，当下教材为何又调整学习顺序，加入平行四边形的面积公式推导一课呢？这主要是考虑到学生推导三角形、梯形面积公式的知识基础与认知基础。三角形、梯形面积公式的推导主要有两类方法："以盈补虚"法和"倍拼"法。前一种方法需要较多的数学知识。例如，中国古代数学推导三角形面积公式的"以盈补虚"法，是将一个三角形沿其高与中位线做"割、移、补"，此方法要作辅助线，要用到中位线、平行线的性质以及三角形全等的判定等知识。现行教材中推导三角形面积公式用的是"倍拼"法，即将两个全等三角形"拼成"一个平行四边形，该方法涉及的知识以及思考过程相对简单，但前提是得知道平行四边形的面积公式，因此必须先学习平行四边形面积公式推导。而对平行四边形的面积推导过程"割、移、补"所涉及的数学知识、思考过程以及"等积变形（面积守恒）"原理等，学生凭借"直觉"就可接受，不需要"严谨"的推理过程。教材的内容编排主要依据学生的认知逻辑而不是数学的发展逻辑。

因此，为了适应学生的知识基础及在直观基础上进行推理的特点，教材构建"长—平—三—梯"的顺序与结构，平行四边形的面积在这一链条中起着承上启下的作用。同时，教材这样的编排强调公式的推导过程，也能助力学生学会想问题、学会反思、学会联系等，承载多元育人价值。

2. 有真问题与好材料，才能实现真探究

学习平行四边形面积公式可以有不同的方法、策略。例如，可以把平行四边形面积公式作为"事实性知识"让学生记住，然后让他们套用解决实际问题，但这不符合当下数学素养导向的教育理念，因为数学学习不是"记忆知识、简单运用"，而应该培养学生的思维能力，发展学生的空间观念，让学生学会数学地思考以及对数学及数学学习充满积极的情感体验，等等。要实现前述多元教育目标就必须以学生为中心，让学生带着真问题、真思考落实真探究。学生的"真问题、真思考"是落实多元育人价值的基本前提和根本保障，否则学生的操作过程就沦为"假探究"。

北师大版教材在本单元的第一课时已经利用方格图非正式地研究过平行四边形的面积，分散了公式推导的难点，对为什么沿"高"剪、转化前后两个图形之间对应量是什么等已有涉及，积累了"割补"经验。此外，根据皮亚杰的研究结果看，五年级学生已经普遍具有"面积守恒"思想，"只改变图形形状其面积不变"是朴素常识，学生理解"等积变形"也没有思维上的难点。那么，再运用"割补"法推导面积公式，学生还有兴趣吗？学生独立研究平行四边形面积是真没有难点，还是由于探究活动设计的不恰当而"遮蔽"了学生的思考过程与思维难点？能够驱动学生深入思考、探究与交流的真问题是什么呢？是否要更换探究情境或素材？换什么素材，以及设计何种学习任务能激发学生的真思考、真探究呢？

为此，张红老师在课前做了充分的调研，真正从学生视角、用多种方法调研了解学生推导平行四边形面积公式的真实问题与思维过程："学生真的没有问题吗？学生头脑中已有的原始概念是隐蔽的，怎样让它们'暴露'出来呢？我突然想到曾听学校教过五年级的老师谈到教学平行四边形面积时，学生有一道题（关于拉动平行四边形活动框架，在此过程中'什么变、什么不变'问题）出错较多，借用这一素材能否发现学生的问题呢？"张红老师以此问题为调研、教学的突破口，诊断学生公式推导中的"真问题"，实现学生的"真探究"。

调研结果显示，6名学生中有5名出错，一是受题目中"图"的误导或凭"裸眼"直觉判断；二是学生混淆周长与面积概念，错误"猜想（邻边相乘是面积)"。出现这些错误我觉得主要是题目以"文字和图"的呈现方式所导致，学生在几乎看不出平行四边形的"高"到底是否有变化的情况下，容易凭借直觉或者错觉解决问题，没有深入思考题目中相关概念之间的变化关系，除非学生有良好的解题习惯和掌握了解题技巧，能够读懂题意（包括理解相关概念），自觉地将静态题目在头脑中"动态化"。学生出错很大程度上受该问题表述方式尤其是所画图的"误导"，而不是由于学生概念不清或者推理过程错误。该问题既不适合课堂教学的"导入"，也不适合用作终结性评价的测试题目，用它不能很好地测评到想要评价的内容和目标，即该题目的区分度不好。不用"文字题"（这道题目有故意让学生"掉进坑"的嫌疑）而是让学生操作平行四边形"活动框架"、观察并对比分析变化过程中"变与不变"的量这类活动，非常重要。

活动框架能让学生感悟到影响平行四边形（底不变）面积的关键要素——高的长短，运用这一素材也有助于揭示学生推导平行四边形面积公式的两个"真问题"：两条邻边（边长不变）的夹角是否是决定平行四边形面积的根本要素？平行四边形高的长短是否由两条邻边夹角的大小决定？活动框架产生的这些问题让爱思考的学生倍感困惑，也是探究平行四边形面积公式的"真正"切入点与难点。但是，严格说来，解决前述两个问题要用到三角函数知识，所以多数教材没有设计平行四边形活动框架的探究任务和活动，"有意识地避开"使用，只是通过"割补"将平行四边形转化为长方形。

因此，"平行四边形的面积"的教学要么不用活动框架，要么就要扎实地用好，而非只把它用于教学的导入环节。例如，有的教师在导入环节通过教师操作来演示：将长方形活动框架"拉"成几个平行四边形，然后再将平行四边形"推"成长方形，让学生说一说此过程中"什么变、什么不变"，就提出课题，匆忙地进入"割补"转化环节。学生没有亲自操作也没有对比分析以及交流讨论等活动，活动框架只用于一节课的导入，之后就被很快抛弃不用，这样的使用还不如不用，其负面作用大于正面价值。

平行四边形活动框架对推导平行四边形面积公式确实是好素材，但一定要充分地、扎实地用，并且教师要掌握平行四边形中各量之间的函数关系：面积＝底边长×斜边长×夹角的正弦值，即当两条邻边长度固定时，其所成夹角的大小决定平行四边形面积的大小，夹角是影响面积大小的根本要素。但小学生真正理解"角"的概念非常困难，理论上的角是一个"不封闭"

图形，其大小与两条边的长短无关；但现实中的"角"尤其是作为构成图形要素的角，其大小又与两条边所在线段的长度密切相关，这种"辩证矛盾"小学生还无法理解。而小学生对线段的长度易于感知理解，且平行四边形的高与两邻边夹角的正弦值具有正比例关系（高 = 斜边长×夹角的正弦值），所以小学阶段平行四边形的面积等于"底×高"，不提及"夹角"对面积的影响。

3. 创设合理、层层深入的认知冲突是最有效的教学策略

平行四边形活动框架承载很多育人价值。例如，对比分析中深入理解图形的周长与面积（对图形的周长和面积易混淆是小学阶段的"顽疾"），初步感悟"变与不变"中的函数思想，通过想象"拉动"的变化过程培养学生的空间观念与积累几何直观经验，等等。活动框架所承载的育人价值在小学阶段能实现吗？如何实现？让五年级学生感悟（不是"理解"）活动框架变化过程中所形成的平行四边形面积产生变化的根本原因是否可行？答案是"可行"，只不过需要教师在教学中围绕活动框架（尤其是适时使用含"高"的特制框架）设计有层次的探究活动，在每次探究活动中注重创设认知冲突，激发学生的问题意识与思考活力，并且敢于花时间让学生探究活动框架隐藏的"秘密"。

因此，张红老师围绕活动框架（尤其是增加了"高"的特殊框架）设计了多次操作活动，综合运用了电影"慢镜头"与"长镜头"手法：让学生观察动态变化的平行四边形，初步感悟当平行四边形四条边的长度不变，"形状"发生"持续性"变化是由两邻边的夹角导致，再利用特制框架让学生感悟到夹角大小与平行四边形高的辩证统一关系，进一步感悟高的大小对面积的影响。在静态背景下体会平行四边形与转化后的长方形有什么关系，并进一步反思长方形、平行四边形和平行四边形转化后的长方形有什么关系，澄清长方形（框架）、平行四边形以及割补形成的长方形之间的"变与不变"。

张红老师在课堂教学中有意识地设计多层次的"拉框架"活动，让学生发现问题，产生认知冲突。例如，第一次时张红老师"故意"轻轻拉动框架导致它"轻微变形"，引发不同学生的不同观察，得出不同结论以及不同理

由，教师进一步梳理、澄清并板书这些结果，以使学生更明确地看出"冲突何在"。"轻轻拉动"使两个图形的面积之差不大，周长不变是强干扰，从而"刻意"地引发学生探究的第一次认知冲突。

再如，每一名学生都操作框架，尤其是拉动到"极端情形"，初步感知各量的变化。汇报交流时，张红老师运用"高"可视的特殊活动框架，学生就能够直观对比、验证拉动过程中所得到的结论，再次确认平行四边形的高改变，其面积也发生变化，而不变的是平行四边形的边长、周长。这个过程是产生认知冲突，解决认知冲突达到认知平衡，又产生新问题新冲突的过程。为进一步探究公式提供探究的切入点——以"高"入手，沿着"高"剪切才能转化为长方形。在前述操作框架的过程中必须缓慢地拉动学具，并将变化后的平行四边形"定格"（拓下来、课件直观演示），这样才有助于学生分析"变与不变"，同时教师要及时梳理并板书不同观点结论，否则因为所涉及的变量太多、变量之间的函数关系又超出学生认知范围而导致学生认知混乱而不是认知冲突。没有问题，没有明确的学习任务，学生拉动框架成了无聊游戏。运用活动框架研究平行四边形的面积不是每一位教师都能做好的，它需要教师有较高的学科知识水平、较强的学情分析能力以及课堂组织调控能力。

然后"定格"平行四边形框架动态变化过程中的某一个"平行四边形"，让学生在"静态"中进一步感悟平行四边"割补"转化为长方形时"变与不变"的量。要注意的是，平行四边形割补为长方形的过程也是"动态变化"过程：割补前的平行四边形转化成割补后的长方形。这个动态变化过程与拉动平行四边形框架的动态过程构成更高水平的认知冲突，学生的观察、思考如果跟不上操作的过程、公式的书写过程，就极容易将两个"动态"中的"变与不变"的量弄混淆，对转化前后"对应的量"也会混淆。因此，张红老师将拉动前的长方形框架、定格的平行四边形及其转化后的长方形清晰地板书（画）在黑板上，将"拉动""割补转化"等动态变化过程"静止化"，再次辅助学生澄清操作与思考过程。这是板书能够助力学生深度学习的很好案例。

　　学生通过自己操作活动框架、带着问题独立思考、观察教师所演示的"特制框架"获得"高的改变导致面积改变"的事实，这些操作、思考与交流探讨等活动，不仅为学生推导面积公式做了蕴伏，培养了学生的空间观念，帮助学生积累几何直观经验，也给学生创造了不同的思考与发展空间。例如，有的学生感悟到两条邻边所夹角与高"同时增大"或"同时减小"，善于思考的学生甚至能够发现"夹角"是影响高进而影响面积的决定性因素。当然，在此探究过程中，不要求学生知道斜边、夹角与高之间的三角函数关系，是为学生进一步学习数学留个"悬念"。

用数表示可能性的大小和用数表示其他事物的大小的"味道"有什么不同?"可能性的大小"这节课的"魂"到底在哪里?沿着这样的疑问追问下去,我认真阅读相关书刊,进行调研、访谈,逐渐明晰了本课学习的三个基本问题:学习用数表示可能性大小的必要性是什么?应该教什么?怎么教?"博学之,审问之,慎思之,明辨之",本着"打破砂锅问到底"的精神,才能够体会学生的长远发展是我们教学的根本追求。

追问:"可能性的大小"教学的"魂"在哪里

——"可能性的大小"教学思考与实践

一、基于问题的思考

研究这节课的起因是我看到一篇"可能性的大小"的教学实录。教师首先引导学生由浅入深地研究如何用数表示可能性的大小,接着讨论如何设计活动方案。从课始到最后,教师的关注点一直放在如何用数表示上。我当时的直觉就是,这样的教学适合研究确定性现象,研究不确定现象好像缺少了什么。我一直在问自己:用数表示可能性的大小和用数表示其他事物的大小的"味道"有什么不同?这节课的"魂"到底在哪里?

1. 这节课应该教什么?为什么而教?

在问题的驱动下,我开始了这节课的设计。在设计的过程中,我发现磕磕绊绊的地方比较多,解决这个磕磕绊绊的过程就是一个认识不断提高的过程。一个环节下来,我会不断有新的问题来问自己,这些问题连起来就构成了这节课的问题链。在不断追问反思的过程中,这节课的线索也逐渐明晰。

我在想,为什么会有这么多的曲曲折折?也许是因为我们早已习惯了不变，已经不习惯在变化中学习、选择和判断吧。就如珀西·戴艾科尼斯所言：我们的脑子缺一根弦，以致不善于做概率问题。

其实这节课研究的是简单的概率知识，而概率是研究随机现象的规律性的科学，小学阶段学习这部分内容，主要是为了培养学生的随机思维，让其学会用概率的眼光观察大千世界，而不仅仅是以确定的、一成不变的思维方式去理解事物。因为概率并不提供确定无误的结论，这是由不确定现象的本质造成的。因此，可能性的学习内容应该是丰富多彩的，也应该是有血有肉的。所以我把这节课的教学目标定位在：（1）通过多种方式理解等可能性；（2）能用数表示可能性的大小，并能设计方案；（3）能用概率的眼光观察和分析生活现象，发展求实态度和科学精神。

2．怎样教？

根据目标，我确定了这节课的学习路径：让学生经历"推理—实验验证—反思—应用—拓展"的学习历程，培养学生不断追问求证的学习态度。

（1）让学生通过比较真正意识到学习用数表示可能性大小的必要性。

用数表示可能性的大小，是对事件发生的可能性从定性变为定量的一个重要转折。要让学生自然地产生用数表示可能性大小的需要，就得设计在同一情境下的两个活动（如两种不同形式的抽奖），让学生从中进行选择。但学生往往会从喜欢、好玩的角度来进行判断。为了让学生意识到要用数据进行判断，就想到了加一个条件，即两个抽奖活动的奖品一样，学生要想中奖，必须选中奖可能性大的来玩。

（2）要不要做概率实验？做概率实验本身的价值在什么地方？

学生学习概率的一个重要目标是体会随机现象的特点。我在前测中了解到，学生对不确定现象的理解仍然是个难点。比如，有学生认为这次转转盘转到"恭喜中奖"，下次就一定会转到别的地方了。要使学生不断修正自己的错误经验，建立正确的概率直觉的一个很好的办法就是做实验。学生会通过实验不断积累经验，逐渐体会到随机现象的不确定性。同时，对于与学生经验不符的结果，学生往往不能信服。要让学生体会用推理结果进行预测的合理性，发展求实态度和科学精神，就必须进行实验，通过对实验结果的分析，激起学生的认知冲突，这样更有利于激发学生不断求索的欲望，也有利于促进学生对概率本质的理解。这样处理，不是为学生关上了一扇门，而是打开了一扇窗，后面的风景很美，只露一个头，学生会希望走到更深更远的地方。

（3）学习可能性大小的价值在什么地方？

在自然界和人类社会中，严格意义上的确定性现象十分有限，不确定现象却大量存在。如果我们不能在实验之前预知实验的确切结果，那知道了可能性的大小又有什么用呢？为此，我设计了"选择去哪个厂买产品"和"听完天气预报后要不要带伞"的问题，使学生进一步体会概率能有效地解决现实世界中的很多问题，同时使学生意识到概率的思维方式与确定性思维的不同，慢慢地学会明智地应付变化和不确定性。

（4）为什么用学生的数学日记（具体内容见本文活动三）结束？它的价值在什么地方？

首先，学生的困惑正是这节课要说明的问题。其次，是想让学生带着问题走出教室，它是"可能性的大小"一课知识上的拓展。最后，我更看重的是这则日记的教育价值，这名学生做了许多我们成人都做不到的事情，在这名学生身上，有一种执着追求的精神，有一种不断探索的欲望，有一种求实态度和科学精神。这不正是我们的学生要学习的吗？

数学是一种理性的文化。理性精神的实质就是：追求真理，实事求是，善于反思，独立思考，不盲从权威，按规律办事。教师是理性的引导者，要不断"追问"为什么要学习用数表示可能性的大小；实验的结果和推理的结果不一致，到底是为什么；既然我们预先不能知道确切结果，那只知道可能性的大小有什么用；如何用数表示可能性的大小，如何应用与拓展，等等，以使教学由静态变为动态，由单纯变为多元。再通过一次次的反思，帮助学生把经历提升为经验，把经验提升为智慧。

基于以上思考，我制定了下面的学生学习目标：

①通过实验操作、分析推理，丰富对等可能性的理解，进一步认识客观事件发生的可能性大小；

②能用数表示可能性的大小，并能运用可能性的知识合理设计活动方案；

③初步感受如何用概率的眼光观察和分析简单的生活现象，发展求实态度和科学精神。

二、基于问题的教学过程

在与学生轻松地谈论完他们生活中的抽奖活动后，我引入了下面的情境。

┌─ **活动一　探讨如何用数表示可能性的大小，体会用数表示的必要性** ─┐

师 ▶ 假如两个活动的奖品一样，只让你参加其中一个，你会选择哪一个？为什么？（见下图）

（学生商量了一会儿。）

生1 ▶ 老师，我选摸球的那个。

师 ▶（微笑着指指全体学生）不要说老师我选什么，请面对我们大家说，好吗？

生1 ▶（侧过身子，眼光不仅面对老师，也注意和更多的同学交流）我选摸球的那个，因为摸球的中奖率会稍微大一些。

师 ▶（指摸球活动图）你认为这个中奖率会稍微大一点，问问大家同意你的意见吗？（有4名学生举起手。）

师 ▶ 有这些支持者，其他同学有什么意见？

生2 ▶ 我选转盘，因为那个只有 4 个选项，中奖率高一些。

师 ▶ 你统计一下，支持你的有多少人。（绝大多数学生举手。）

师 ▶ 同学们有两种不同意见。这样吧，我就当一次记者，现场采访一下。请问，你为什么说转盘的中奖率高？

生3 ▶ 因为转盘是从 4 个中选出 1 个来，中奖率就比那个摸球的高一些。摸球那个里面有好几个黄球，只有一个白球。也就是中奖率不是那么大。

师 ▶ 不是那么大是多大？能说服大家吗？

生4 ▶ 转盘的中奖率是 25%，摸球的中奖率是 14%，25% 大于 14%，所以转盘的中奖率高。

师 ▶ 25% 怎么来的呀？

生4 ▶ 100 除以 4，如果把转盘看成 100 的话，它就占 $\frac{1}{4}$，就用 100 除以 4。

师 ▶ 同意吗？（有学生摇头）100 除以 4 竟然能得到 25%？

生4 ▶ 100% 除以 4。

师 ▶ 好。接着看和想：如果我把转盘转一下，停下来后，指针可能会停到什么地方？谁来说说？可能会停在哪儿呢？

生5 ▶ 可能会停在"恭喜中奖"那里。

生6 ▶ 都有可能，因为每个都占 25%。

师 ▶（指图）也就是说可能停在这儿，也可能停在其他的地方，是吧？所以说，会有几种可能？

生 ▶ 4 种。

师 ▶ 指针可能会停在什么地方我们能事先确定吗？

生 ▶ 不能。

师 ▶ 停在这四个地方的机会一样大吗？

生 ▶ 一样大。

师 ▶ 你是怎么看出来的？

生7 ▶ 因为每一种在圆盘里面占的面积都是一样的。

师 ▶ 哦，每个区域大小都是一样的，是这样吗？

生 ▶ 是。

师 ▶ 这样的话，指针停到每一个区域的可能性都是相等的。（板书：可能性相等。）

师 ▶ 那转盘中奖的可能性就是——

生 ▶ $\frac{1}{4}$。（教师板书。）

师 ▶ 咱们再研究研究这个，摸球中奖的可能性是多少？你是怎么想的？（略）

师 ▶ 现在我再统计一下，还有没有选择摸球中奖的？（有一个学生举手。）

师 ▶ 还有一个孩子，为什么你想摸球？

生8 ▶ 因为中奖率还是挺大的吧。

师 ▶ 他觉得中奖率还挺大。那它俩比谁的中奖率大？

生8 ▶ 转盘。

师 ▶ 你选摸球没关系，因为中奖的可能性差异不是太大，你喜欢就可以。

师 ▶ 还有没有问题？

生9 ▶ 我觉得转盘中奖的可能性是 $\frac{1}{5}$，因为也有可能转到中间的那条白线上。（听课老师笑。）

师 ▶ 这个孩子真善于观察，他看到那条线了。我把那条线给调出来（把幻灯片返回原来的画面），如果指针转到这条线上，你们觉得用 $\frac{1}{5}$ 表示合理吗？为什么？

生10 ▶ 不合理，因为它有四条线。（听课老师笑。）

生11 ▶ 因为线的面积和中奖的面积不一样大。

师 ▶ 是不一样大。假如转到线上了，我们怎么来裁判？（学生思考。）张老师建议我们做个补充规定：如果转到这条线上就再转一次，行吗？

生 ▸ 行!

师 ▸ 现在意见一致了，如果只考虑能不能中奖，就选中奖可能性大的进行活动。今天我们就一起研究可能性的大小。（板书课题：可能性的大小。）

在得到中奖的概率后，我们进入了实验验证的活动环节。

─ 活动二　实验验证、反思，体会用数表示可能性大小的合理性 ─

师 ▸ 如果摸球的话，摸到白球的可能性是——（生：$\frac{1}{8}$。）好，现在我往这个盒子里面放球，注意看呀!（教师放球 7 黄 1 白，学生数着 2 个、4 个、6 个、8 个。）现在我问大家，假如摸 24 次，按照刚才的推理，会摸到几次白球？（一两个学生说摸到 3 次，有的说不一定，有的说肯定能摸到白球。）

师 ▸ 按照刚才的推理，应该摸到 3 次白球才对呀，怎么有同学说不一定呢？

生1 ▸ 因为摸球的时候很难按照 1、2、3、4、5、6、7、8 这个顺序来摸，可能你摸到的是 6 号球，放进去后再拿出来还是 6 号球，这样摸到白球的可能性就小了。

师 ▸ 刚才她说了一大段话，实际上就是要告诉我们球是任意放的，摸到哪个球的结果太不确定了。是这样的吗？（学生点头称是。）

师 ▸ 那摸到白球的次数是否一定是总次数的 $\frac{1}{8}$ 呢？大家意见不一致了，怎么办？看来需要实验验证一下。在做实验之前，大家先看看实验要求。

（1）轮流摸球，摸球前先将盒子摇一摇，每人每次只摸一个球，然后再把球放回盒中。

（2）每组共摸球 24 次，统计摸到白球的次数，并写出摸到白球的次数占总次数的几分之几。

师 ▶ 什么叫摸球？看不看？

生 ▶ 不看。

师 ▶ 哦，不看。我这样算是看还是不看？有人这样，你看（教师做偷看的动作），最后得出的结果和实实在在摸出的结果不一样；还有的小组合作，一个人摸的时候由其他人指挥着：往这儿摸，往那儿摸。这样好不好？（学生摇头说不好。）

师 ▶ 这就不真实了，是吧？实验一定要做到真实、科学。我们待会儿还要考察哪一组合作得好，实验的速度快！结果出来之后，把它写在黑板的角上。注意：各组小组长一会儿上来领盒子，速度快的小组等实验做完了，小组长再上来放盒子，写数据。其他同学思考：我们得到的数据跟我们刚才推理的数一样吗？这是怎么回事？好，组长来领盒子，请同学们抓紧时间。

学生领盒子，进行实验，教师走到学生中间观察了解学生的实验情况。学生兴致很高，有的组摸到白球，学生会兴奋地叫起来。一个学生说时间到，最后两个小组组长写结果。黑板上出现了 $\frac{3}{24}$、$\frac{6}{24}$、$\frac{3}{24}$、$\frac{0}{24}$、$\frac{3}{24}$、$\frac{9}{24}$、$\frac{1}{24}$、$\frac{2}{24}$、$\frac{6}{24}$。

师 ▶ 好了，看我写个词：推理。刚才我们推理得到的结果是：摸到白球次数占总次数的 $\frac{1}{8}$，也就是二十四分之几呀？

生 ▶ $\frac{3}{24}$。

师 ▶ 现在我们把大家实验得到的数和我们推理的结果比较一

下，你有什么想法？

生2 ▶ 我们的推理不准确。

生3 ▶ 并不是推理不准确，而是这个说的是可能性的大小，不一定是 $\frac{1}{8}$。

生4 ▶ 可能是我们比较幸运，所以摸到的白球比较多。

师 ▶ 刚才有的同学怀疑我们的推理不准确，有的说我们研究的可能性不一定是 $\frac{1}{8}$，还有的同学用到了"幸运"这个词。刚才几位同学的发言，都说明大家意识到我们研究的现象是一种什么样的现象？（板书：不确定现象）你任意摸一次，很难预料你摸到的是什么结果。对吧？那我们刚才摸了 24 次，这个结果怎么还是不能确定呢？我们的推理真的有问题吗？这样的困惑还真是很多，不仅摸球的时候有，抛硬币的时候也有。（展示抛硬币）我任意抛了一枚硬币，大家说，正面朝上的可能性是多少？

生 ▶ $\frac{1}{2}$。

师 ▶ $\frac{1}{2}$ 是吗？但是小明实验了 30 次，只有 10 次正面朝上，他一个劲儿地问我这是怎么回事呀？大家想不想知道是怎么回事？

生 ▶ 想！

师 ▶ 好，注意看，想想这是怎么回事？

（课件出示：同学所做的掷硬币实验的数据——小明实验了 30 次，有 10 次正面朝上。历史上的数学家所做的掷硬币实验的数据：布丰实验了 4040 次；德·摩根实验了 4092 次；费勒实验了 10000 次；皮尔逊第一次实验了 12000 次，第二次实验了 24000 次；罗曼诺夫斯基实验了 80640 次。统计结果显示，正面出现的次数都非常接近总次数的 $\frac{1}{2}$。学生边看，边轻轻地感叹。）

师 ▶ 知道这是怎么回事了吗？

生 5 ▶ 因为我们实验的次数太少了。如果多实验几次，那结果就会非常接近$\frac{1}{2}$。

师 ▶ 谁听明白他的话了？谁想再说一说？

生 6 ▶ 我们实验的次数太少了。如果我们实验的次数多一点，这个结果就可能会接近$\frac{1}{2}$。

师 ▶ 大家是不是都听清楚了？好了，我们看，他刚才说"非常接近"是不是就正好是$\frac{1}{2}$呀？

生 ▶ 不是。

师 ▶ 实验数据说明：当实验次数足够多的时候，这个值就稳定在我们推理得到的这个值左右。

师 ▶ 我们通过刚才的实验验证（板书：实验验证），开始怀疑最初的推理；后来我们通过查资料、分析数据，发现什么了？

生 ▶ 问题是实验次数太少了。

师 ▶ 次数太少，我们可以再实验或者把实验的次数加一加。将来大家还会进一步研究，还有机会在计算机上做成千上万次的实验。好，现在通过反思我们知道了（板书：反思），我们可以把推理得到的值作为预测的值进行判断。但现在问题又来了，不管事情出现的可能性是大还是小，事情出现什么结果事先根本不能确定，那我们知道可能性的大小有什么价值？

生 7 ▶ 就像刚上课时，我们买彩票，学习可能性的大小后就可以知道哪种彩票中奖的可能性更大一些。

师 ▶ 对，买彩票的时候可以用到。其实生活中还有很多时候能用到。比如，两个工厂生产同一种产品，价格等其他条件都一样，甲厂生产的产品有$\frac{10}{100}$返修，乙厂生产的产品有

$\dfrac{1}{100}$返修。大家想一想，你会选择去哪个工厂买产品？

生8 ▶ 我会去乙厂买，因为甲厂的产品拿回去修的概率比较大，乙厂的概率比较小。

师 ▶ 同意他的意见吗？（学生点头。）

生9 ▶ 现在买东西要求质量高。乙厂是100个产品会有1个返修的，甲厂呢，100个产品会有10个返修，所以要买一个质量好的回家。

师 ▶ 同意他的意见吗？

生 ▶ 同意。

师 ▶ 我现在是甲厂的厂商，我给你100件产品，你说会正好有10件产品返修吗？

生10 ▶ 不是特别确定。

师 ▶ 不一定是吧？看来你是真正理解了。虽然不是特别确定，但是大家都会选择去乙厂买产品。

师 ▶ 如果天气预报预测降水概率为$\dfrac{10}{100}$，你出门会带伞吗？

生 ▶ 不会。

师 ▶ 如果天气预报预测降水概率为$\dfrac{90}{100}$，你出门会带伞吗？

生 ▶ 会。

师 ▶ 假如今天降水概率是$\dfrac{90}{100}$，一定会下雨吗？

生 ▶ 不一定。

师 ▶ 这样的事情太多了，生活中不确定的现象要比确定的现象多得多，所以我们应该学会用变化的眼光来看这个世界，学会根据可能性的大小去进行选择和判断。当你用变化的眼光来看这个世界的时候，你就会发现这个世界很有挑战性，很有意思。那我们要不要好好深入地研究一下？

接着，我们一起明确了可能性的大小的范围是0—1，并运用可能性的知识设计了摸球方案。最后，我向学生呈现了一名学生的数学日记。

活动三　好一个三局两胜制

师 ▶ 浙江有一个孩子，她学完"可能性"以后，回去做了一个实验，写了一篇数学日记，想不想听？

生 ▶ 想！

师 ▶ 我们边看边听边想：这个孩子的困惑是什么？你能不能解答她的困惑？

> 播放学生录音《这是怎么回事》：
>
> 今天数学课上，老师说掷两粒色子，朝上面的点数相加等于7的可能性最大。……我有点不大相信，为什么掷两粒色子，朝上面的点数相加等于7的可能性最大，而不是6、不是8呢？难道真那么准吗？我又没试过，怎么能证明呢？
>
> 中午回家后，我找了两粒色子准备实验一下，但我马上想到，如果我实验的结果和老师的不一样，人家还以为我胡编乱造呢。不如我把色子拿到学校去，叫同学和我一起做，这样既省时间，又有人作证。
>
> 吃过中午饭，我早早来到学校，叫同学Q帮忙。我让他先在纸上写好2—12这11个数，然后我开始掷色子，我掷出什么数，他就在那个数下面划"正"字。没多久，Q就厌烦了。我便和他换了一下，由他掷色子，我来记"正"字，50次、100次、150次、200次，老师不是说，掷的次数越多越准确吗？最后得出的结果果然是7。可我还是不大相信，我和另一个同学G又试了200次，这次结果是8，1比1。我决定再试一次，最后一次，如果是7，那么

> 我就相信老师说的是正确的。我又叫同学 Z 帮忙，我们又掷了 200 次，结果是 8，哪里是 7 呀，这是怎么回事？我不懂！我把写有经过的纸放在了老师的办公桌上……①

师 ▶ 这个孩子真的感到很困惑呀！你看，这是孩子交给老师的作业（课件出示孩子的作业）。他的整个实验过程和结果都记录在这里，非常详细。你能解答他的困惑吗？你知道这是怎么回事吗？

生 ▶ 掷的次数还不够多……

师 ▶ 由于时间关系，不可能让大家一一说了。听完这则数学日记，不知大家有什么感受？孩子们，你们回去以后一定要好好研究研究这则数学日记。请你研究一下：为什么掷两粒色子，朝上面的点数相加等于 7 的可能性是最大的？对这堂课，对这个写日记的孩子，你肯定也有很多的感想，就请大家回去以后，把你研究和思考的过程写成一篇数学日记，好吗？非常感谢大家，今天的课我们就上到这里。下课！

---

① 改编自邵建辉老师的文章《好一个三局两胜制——谈一个孩子对概率认识的执着》。

💡 **专家点评**

启 发

北京教育科学研究院　张丹

当得知要为张红老师的案例做点评时，我欣然答应了。一方面是由于我一直对概率教学很感兴趣，另一方面是基于自己的了解，我认为张红老师是一位非常优秀的教师。看过案例后，我深深感到这个案例是非常有价值的，自己从中获得了很多的启发，于是我把这篇点评的题目改成了"启发"。

最大的启发是：教师如何真正获得专业成长。的确，一方面，广大教师迫切希望自己能够尽快成长；另一方面，尽管教师学习了一些理念、理论、知识，却总不能与自己的教学实践相结合，很多教师感觉自己的成长进入了"高原期"。问题的解决总是要找到切入点，教师的成长需要基于自己实践经验的挑战、思考、学习、创造。

首先是**挑战**。这个案例所呈现的问题是非常具有挑战性的。挑战之一来自案例的主题——概率教学。不少教师都有过这样的经历，在课程改革初期，老师们都喜欢选择概率作为研究课的主题，因为它常常需要学生动手实验，这似乎非常符合新课程所倡导的东西。渐渐地，选择这个主题的人在减少，大家普遍感觉要上好概率课其实很难——既要体现数学的味道，又要有效地组织教学，更要面对学生提出的各种各样的想法。确实，概率是新引入小学数学课程的，教师面临着从学科知识、组织教学到评价学生等很多方面的困惑，于是有些老师就采取了回避的方法。而已经成为特级教师的张红老师，却直面这一挑战，选择了这个主题，真是难能可贵。

挑战之二是无论是在国内还是国际，大家都缺乏对概率教学比较成熟的经验，没有更多的现成案例可以借鉴，必须有自己的**思考**。张红老师做了，而且思考得比较深入，有了一定的研究意味。这在案例的缘起中可以看到："用数表示可能性的大小和用数表示其他事物的大小的'味道'有什么不同？'可能性的大小'这节课的'魂'到底在哪里？"正是这一思考使得课堂教学变得"深刻"起来。教师一定要善于思考所教内容的数学核心，而不要马上进入具体的教学活动设计。

是呀，什么是概率教学的"魂"呢？张红老师一下子抓住了问题的要害，我想这一定与她通过学习和实践而形成的直觉密切相关。确实，优秀教师需要好的直觉。但她并没有停留在直觉上，而是进一步进行了**学习**，这一点从她在课堂中引用的多个资料及我和她的多次讨论中可以印证。

最终，张红老师把这节课的"魂"定位在体会不确定现象的特点和价值上，并且把这一思考落实在具体的教学中，选择了让学生经历猜测、推理、实验验证、反思、应用、拓展的学习历程。不仅如此，这一节课还有多处她自己的**创造**。比如围绕主题的不断追问："指针可能会停在什么地方我们能事先确定吗？""他刚才说'非常接近'是不是就正好是 $\frac{1}{2}$ 呀？"……正是在不断的追问中，学生逐步体会到不确定现象的不确定性和稳定性的特点，比如对概率价值的讨论。其实，很多人都有这样的疑问：既然是不确定的，学习概率又有什么用？对此，张老师选择了生活中的两个熟悉的问题（买产品、带伞），借助生活经验，使学生体会到概率能够帮助人们在面临不确定情境时做出比较合理的决策。又如最后引入的数学日记，再次使学生面对理论概率与实验概率的冲突，尽管学生不能马上解决这一冲突，但这为今后的学习奠定了基础。

当然，思考是不能停止的，这个案例也为我们提供了可以研究的问题。一方面是有关概率教学的，对此一直以来存在着争论。学生学习概率的主要目的无疑是确定随机的观念，但如何使学生树立这种观念呢？一种途径是通过实验，使学生在实验概率与理论概率的对比中体会随机的思想；一种途径是借助学生的生活经验，直接分析得到理论概率，避免在实验概率与理论概率的差别中纠缠。两种途径各有道理，还需要在理论和实践中进一步研究。另一方面，是有关学生的，张红老师注意到了对数学核心的挖掘，但在案例中没有体现对学生的了解和分析。我们在课堂中看到了学生一些出乎意料的想法（如"我觉得转盘中奖的可能性是 $\frac{1}{5}$，因为也有可能转到中间的那条白线上"），这些想法代表了他们的经验，如何科学地了解这些经验，使我们的教学设计更加合理，需要进一步思考。

总之，课堂教学不会是十全十美的，存在着"美丽"的遗憾，教师正是在对遗憾的反思中逐渐成长的。张红老师的案例无疑是教师专业成长的一个很好的案例。

张红老师课堂中还有一些细节打动了我。"还有没有问题?""你是怎么想的?""都同意他的想法吗?""不要说老师我选什么，请面对我们大家说，好吗?""还有的小组合作，一个人摸的时候由其他人指挥着：往这儿摸，往那儿摸。这样好不好?"……正是在这些点点滴滴中，我们的学生会变得越来越有想法，越来越懂得合作，越来越理性；细细咀嚼这些细节，我们不难体会到张红老师那独有的课堂教学的韵味。

我们真的需要教师们不断地创造出一个又一个富有价值的案例，真的希望教师们在不断挑战、思考、学习、创造中成长。

容易将周长与面积混淆是学生认识面积过程中的误区，这是我们需要直面的问题。解决这一问题的方法是真正让学生理解面积的内涵与外延。从问题出发，我们欣喜地看到经历了几个探究活动后，学生不仅对面积有了自己的理解与认识，还对未来的学习充满了好奇和探究欲望。

将面积化为学生自己的概念

——"什么是面积"教学思考与实践

一、基于问题的思考

"什么是面积"是北师大版教材三年级下册"面积"单元的起始课。本节课的内容是帮助学生初步建立面积的概念。那到底什么是面积呢？

教材是这样定义的："物体的表面或围成的平面图形的大小就是它们的面积。"它们的大小需要通过测量得到。测量是将一个待测的量和一个公认的标准量进行比较的过程。只要进行测量，就总是带着测量单位，而一个测量结果加上它的测量单位被称为一个量。面积是测量的结果，它本身是一个量。

量是连接数与形的桥梁，而长度和面积是学习量这部分内容的基础，也是研究几何形体特征以及图形的面积计算的基础。因此，"面积"是小学数学学习中的一个重要概念，是现今小学数学教材中为数不多的给出定义的内容之一。

对"面积"这个词学生在生活中也都有耳闻，凭经验和直觉，学生是怎么理解面积这一概念的呢？带着这一问题，我抽取了清华附小三年级30名学生进行了问卷调研。鉴于三年级学生的年龄小，书面表达能力弱，怕误解学生，我又进一步通过访谈了解了学生的真实想法，以保证调研的可信度。

【调研内容及结果】

（1）请你画图或用文字说明什么是面积。

对"面积"这一概念理解基本正确的有 4 人，占 13.3%，80% 的学生无法清楚地描述出对于面积的理解。从学生所表述的意思来看，大多数学生无法区分"面"与"面积"，有 2 人认为"面积是物体的周长"，"4 条边的边长加在一起就是它的面积"。在错误答案中，有 3 人认为立体图形只有一个面的大小是它的面积。

（2）想办法比较出下面两个图形的大小，并写出比较的过程。（见下图）

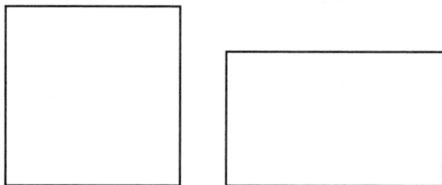

从最后的统计情况上看，30% 的学生能够想到用有效的方法比较两个图形的面积；36.7% 的学生是通过计算两个图形的周长，得出两个图形大小相等的结论的。（见下表）通过访谈了解到学生出现这种情况的原因有以下两点。

学生情况	人数（人）	百分比（%）
通过计算面积进行比较	3	10
将两个图形重叠进行比较	6	20
通过计算周长进行比较	11	36.7
不会比较	10	33.3

①认为图形的大小指的就是图形的周长；

②认为两个图形的周长相等，那么它们的面积也必定相等。

从调研情况看，最突出的问题是学生将"周长"和"面积"混淆（其他问题的出现是因为学生对"面积"的内涵不理解，这通过学习即可解决）。根据以往的教学经验，即使学生认识了面积，甚至学习了面积的计算，在解决问题时仍然会出现面积和周长不分的现象。原因可能有以下几点。

①长度的学习对学生的影响。之前学生学习了长度的测量和周长，这对面积的学习有干扰作用。

②学生的生活经验欠缺。生活中尺子随处可见，学生天天用尺子画线，也有测量长度的经验。而生活中要得到面积通常不是用一个面直接去量，而是通过量线的长度去"算"面积。

③"面积"比"长度"更难感知。虽然在生活中"面"随处可见，但大多数情况下，"面"不会孤立地呈现在学生面前，更多的是作为"体"的一部分被学生感知。相比长度而言，面积更为抽象。

由于长度概念中的"长短"在学生头脑中的先入为主，加上学生对抽象的面积概念缺乏认识上的感性支撑，所以学生在面积概念运用中常常会出现用"长短"来表示面积，甚至是"长短"与"大小"不分和混用的现象。因此，从长度到面积是学生认识发展上的一次飞跃，要真正理解面积的内涵、形成对面积的清晰认识，不是那么容易的事。

要真正理解面积的内涵，需要学生将面积概念转化为自己的概念。那作为教师，我们应该怎样帮助学生将"面积"化为他自己的概念呢？

学生形成面积概念的过程一方面要有大量的丰富的材料作为对认识的感性支撑，另一方面还要有面积概念形成过程的活动作为对认识的实践支撑。要利用面积的外延与内涵相互促进、帮助学生理解概念，只有这样，面积才不再是空洞的词语，而是学生在自己实践活动过程中生成的丰富的表象。所以需要遵循学生的认知规律，像剥笋皮那样，循序渐进，由浅入深地和学生共同经历"操作感知—形成表象—建立概念"的过程，通过层层递进的体验和反思活动，帮助学生逐步丰富和建构对"面积"本质意义的理解。

首先，在教学中要给学生充分的时间去感知"面"，发展学生对面的感觉。可以让学生摸一摸黑板面、课桌上的面、课本封面、粉笔盒表面、茶叶盒表面，体会物体有面，这些面是客观存在的；感受面有平面，有曲面；面的数量有一个，也有多个；面是有边界的，有了边界面才有了大小。

其次，要帮助学生体会面是有大小之分的，发展学生的量感。面积有两层含义：一是指物体表面的大小，二是指封闭图形的大小。学生通过比较黑板表面与课桌上的面、树叶的面、正方体表面、长方形、正方形哪一个比较大或哪一个比较小，体会各个物体的表面不管是规则的还是不规则的，不管是平面的还是立体的，都可以通过观察或重叠、测量等比出大小，同时体会这里的"大小"不是有的大、有的小"相差"的意思，而是每个面各有确定的大小，确定的大小可以用更小的"面"测量得到，可以通过数值表述出来。

最后，要通过活动让学生体会面积的不变性：任何封闭图形的大小不因位置改变而有所不同，也就是说经过某种转换（如分割、旋转、平移）后，面积不会改变。

当然，面积概念无法通过一节课立即建立起来，它需要一个长期的过程，需要在接下来的面积单位、平面图形的面积、立体图形的表面积和不规则图形的面积等的学习中进一步体会和感悟，需要在许多次经验的累积中逐步形成。

基于以上思考，我制定了下面的学生学习目标和教学重难点。

教学目标：

①结合具体实例，认识面积的含义。

②经历比较图形面积大小的过程，探索比较图形大小的方法，体会面积是度量的结果，积累比较图形面积大小的经验。

③在比较图形面积大小的过程中，发展空间观念。

教学重点：认识面积的含义。

教学难点：理解面积的意义。

二、基于问题的教学过程

┌活动一　初步感知面积的意义┐

　　学生在生活中对面积都有所耳闻，因此，在课一开始，我先在黑板上写下了"面积"二字。

师 ▶ 听说过"面积"这个词吗?(很多学生都说听说过。)知道下面这三句话里所说的面积是什么意思吗?

（出示课件）天安门广场的面积有 44 万平方米。

中华人民共和国陆地面积约为 960 万平方千米。

小明房间的面积是 9 平方米。

生 1 ▶（边说边张开手臂）面积是很大的意思。

生 2 ▶ 面积是大小吧。

生 3 ▶ 一个立体图形一面所占的地方就是面积。

生 4 ▶ 一个图形占的地方的大小就是面积。

师 ▶（在学生回答的基础上总结）同学们凭经验或感觉说出了自己对面积的理解，这里的面积指的都是地面的大小。

在生活中每个物体都有自己的面（边说边在板书中"面"的下边加了一个着重号），像地面、黑板面。那谁能用语言或动作来说明黑板的面指的是哪些地方?

师 ▶（一个学生用手沿黑板的边画了一个框，教师一边模仿她的动作一边问）这是它的面吗?

生 ▶ 是框起来的地方。

师 ▶ 能不能不用解释只用一个动作就让大家看出我们在说它的面呢?

学生将手掌打开，把黑板面从上到下摸了一遍。教师又让其他学生学着她的样子摸了摸课桌上的面、数学书的封面。

接着，教师随手拿起粉笔盒，请学生摸一摸它的表面。有学生习惯性地摸摸上面，其他同学在下面提醒说粉笔盒有 6 个面呢，她随即便把每个面都摸到了。然后，教师又请一个学生摸了摸茶叶盒的表面。

师 ▶ 地面的大小是地面的面积，黑板面的大小是黑板的面积。

谁能说一说，数学书封面的面积指的是什么呢?

这个问题学生回答起来很容易，接着学生又自己举例解释了课桌上的面、粉笔盒表面的面积是什么意思。

师 ▶ 刚上课时，有个同学说一个立体图形一面所占的地方就是面积，你觉得对吗？

生5 ▶ 一个立体图形表面的大小才是它的面积。

师 ▶ 说得好，那它一面所占的地方是它的——占地面积。

师 ▶（看学生基本都能表述了，马上请学生总结）通过刚才的活动，你对面积有什么认识？你觉得面积指的是什么？

师 ▶（随着学生的解释，板书"物体表面的大小"，并总结）物体表面的大小，就是这个物体的面积。当我们在比较物体表面大小时，要把表面的凹凸不平看成平面。面积既可以是一个面的大小，也可以是多个面的大小。

活动二　在比较中进一步体会面积的意义

1. 直观比较

师 ▶ 通过看和摸，你觉得黑板面和课桌上面的面哪个大一些？

生 ▶ 这还不容易，当然是黑板面大一些了。

师 ▶（为了调动学生观察的积极性，随即说）有时候，我们通过看就能直接比较出面的大小，但如果不让你看，只让你摸，你还能比较出面积的大小吗？

学生的热情一下子被激发起来了。第一个上来的学生摸的是两片大小不同的叶子，猜完后他选了一片叶子贴在黑板上。第二个上来的学生摸的是两个大小反差很大的正方体盒子。

师 ▶（追问）老师想把它（指正方体盒子）也贴在黑板上，并且所有露在外面的面都要被我们看到，有办法吗？（学生指挥教师将盒子剪开，然后将展开图贴到黑板上。）

第三个上来的学生摸的是两张纸片，猜长方形纸片大，下面有很多同学反对，有的说正方形纸片大，有的说一样大。

2. 讨论比较的策略

师 ▶ 到底谁说的对呢？看来通过看，是很难让大家做出准确判断的。那用什么办法能验证这位同学的判断呢？大家先商量商量。

这里之所以没有直接放开让学生探索，是考虑到这里重在体会面积的意义，让所有学生都经历是非常重要的。

师 ▶（学生商量的结果是将两个图形叠在一起比。学生说完，教师趁机请他们打开桌面上的信封）我们也可以借助一些"量"面积的"尺子"来量，用这些小的面量大的面，也可以比较出大小。（然后请学生同桌两人合作比一比。）

3. 直接比较

师 ▶（经过几分钟的探索，学生都比较出了结果。教师先请将两个图形叠在一起比的学生演示了比较的过程，同时提出问题）原来的纸片都被剪开破坏了，结果还可信吗？

生 ▶ 这些纸片虽然被剪开了，但每部分都没有被扔掉，肯定没问题。

教师随即用课件演示将剪开的部分合起来的动态，让学生看到它还是原来的图形，接着和学生商量给这种方法取个名字叫重叠比较，并板书：重叠。

4. 间接比较

教师又请用自选单位测量面积的学生上台演示。

①长方形的面积有 10 个小正方形的面积那么大，正方形只有 9 个，所以长方形面积大。（见下图）

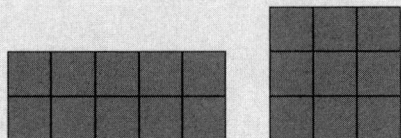

②长方形的面积有 5 个长方形的面积那么大，正方形只有 4 个多，不够 5 个，所以长方形面积大。（见下图）

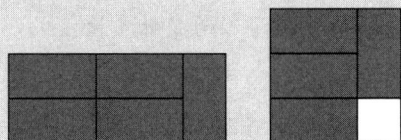

③长方形的面积有 5 个小长方形的面积那么大，正方形有 9 个小正方形面积那么大，所以正方形面积大。（见下图）

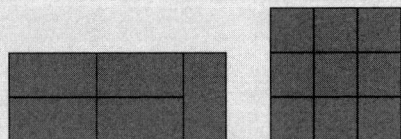

对这种方法，学生都表示反对，说用同样大小的图形来比才公平。

④长方形用了 10 个圆形，正方形用了 9 个，所以长方形面积大。（见下图）

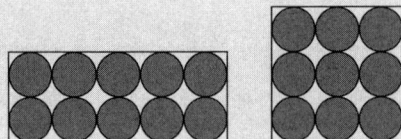

师 ▶ 这个时候，能不能说长方形的面积与 10 个圆片的面积一样大呢？为什么？

　　学生说不行，因为空白的地方没量到。但比是可以的，所有圆形外面空白的地方都一样大。

　　教师和学生商量给这种通过借助贴图形来比较面积的方法取名为测量，其实也是用小纸片与大纸片重叠比较，并板书：测量。

师 ▶ 通过刚才的活动我们比较出的结果是什么呀？刚才谁猜对了？（下面学生一片欢呼。教师将长方形纸片也贴到了黑板上。）

师 ▶ 现在你对面积有什么新的认识？

生 ▶ （经过启发）面积的大小可以用"尺子"量出来。

┌ 活动三　感知封闭图形的大小是面积 ┐

1. 感受图形的大小

师 ▶ 老师现在遇到一个难题，想请同学们帮帮忙，可以吗？我想把贴在黑板上的东西给拿掉，但还想把它们的形状留在黑板上，谁能帮帮我？

　　学生纷纷上台去描物体的边，教师也请下面的学生从自己身边选择一个物体的面描出它的边。（见下图）

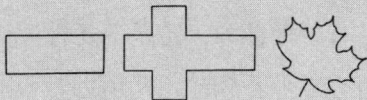

师 ▶ （学生很快就画好了，教师指着其中一个问）这个图形的面积指的是什么呢？（随着学生回答，教师将黑板上的图形涂上颜色，也请学生在下面把自己画好的图形涂上颜色。）

师 ▶ 此时你对面积有没有新的认识呢？

生 ▶ 图形也有面积。

师 ▶ 我们把图形的大小就称作这个图形的面积（板书：图形的大小）。

2. 体会封闭图形才有大小

师 ▶（课件展示圆形）这个图形认识吧？它的周长指的是什么？它的面积呢？（随之将圆面涂上红色。）

师 ▶（出示不封闭的圆形曲线）它的面积呢？如果我往这里边涂色的话，会是什么样子？

生1 ▶ 会漏出来。

生2 ▶ 整个画面都会是红色。（当看到整个画面变红时，学生都发出了惊叹。）

师 ▶ 想象一下，要是画面像操场那么大，红色部分会有多大？（学生夸张地做着手势。）

师 ▶ 到这里，你对面积又有什么新的认识？

师 ▶（学生回答图形的口不能是开着的，必须是封闭的。教师在图形的前边补充板书：封闭，并总结）面积是指物体表面或封闭图形的大小。

……

下课了，有几个学生围着我："老师，我们有新发现，你画出来的边也是有面积的。"天哪，边线怎么会有面积！可孩子那么小，他怎么会理解"线是无宽度的长度"（欧几里得《几何原本》）这样的话，我该怎么跟学生交流？学生认识的发展是有阶段性的，还是不要告诉他们。但盯着黑板上的图，我越看越觉得学生是那么了不起，不由脱口而出："我真佩服你们的发现，画在黑板上的边线是有粗细的，所以，它们是有面积的。我还想告诉你们，其实数学中的线都是没有粗细的……"学生用好奇的、似懂非懂的目光看着我，我感觉自己是那么幸福。这时候懂和不懂都不是那么重要了，重要的是我从学生的目光中看到了强烈的求知欲望……

💡 专家点评

"五问"促学生自主建构"面积"概念

北京师范大学　曹一鸣

"面积"是小学阶段所涉及的数学概念中非常基本、非常重要的概念。越是简单的往往越是本质的，基本的数学概念背后往往蕴含着重要的数学思想方法。如何帮助学生理解"面积"这一抽象难懂的概念？张红老师的做法是充分借助学生已有的生活经验和学习基础，通过一个个具体的操作活动，在观察、比较、测量等活动中逐步感知，逐步体验，通过师生、生生间的互动来逐渐加深和丰富学生对面积的认识和理解。基于学生的原认知，张老师设计了层层推进的活动，在每个活动过后，都会引导学生反思："面积指什么？你对面积有什么（新的）认识？"相似的问题问了五次，这五次追问让学生一步步走近，进而走进面积的本质。经历不同的学习过程，会促使学生对概念的理解达到不同水平。

第一次问——聚焦"面是什么"。面积对于小学生来说是一个相对抽象的概念，老师们一般都知道，在认识面积之前，很多学生都会有一些基于各自经验的前学科概念，有的是靠近面积概念实质的朴素想法，而有的则是对面积的片面甚至是不正确的理解，比如在解决问题时学生很容易将周长与面积两个概念混淆。张老师的教学，恰恰就是始于学生的已有经验。导入时她直接问学生："听说过'面积'这个词吗？知道下面这三句话里所说的面积是什么意思吗？能不能不用解释只用一个动作就让大家看出我们在说它的面呢？"学生带着生活经验，在教师的引导下开始去摸一摸"面"。当然，空间观念绝不是多摸摸就能培养出来的，除了操作，张老师还注重让学生观察、想象、推理、表达。张老师鼓励学生思考并评价"一个立体图形一面所占的地方就是面积"这一刚上课时同学的观点，从而进一步加深了学生对面积概念的认知。

第二次问——聚焦面有大小。学生通过动手摸面这一活动，充分感受到面积是有大有小的。此时，再次向学生提问："通过刚才的活动，你对面积有什么认识？你觉得面积指的是什么？"通过总结，学生更新了自己对面积的认知。

第三次问——聚焦面的大小可以量。这一环节是本节课的重点，此环节通过"直观比较、讨论比较的策略、直接比较、间接比较"这几个环节，让学生进一步体会面积的意义。教师抛出问题"到底谁说的对呢？看来通过看，是很难让大家做出准确判断的。那用什么办法能验证这位同学的判断呢？"，激发了学生的深度思考和探究。学生在比较中发现，面积的大小不仅可以通过"重叠"的方法比较，还可以用"尺子"度量，这个尺子虽然可以是不同形状，但必须用完全相同的形状去度量，比如，用完全相同的小正方形去度量两个面的面积。这也为学生今后理解统一度量单位埋下了伏笔。

第四次问——聚焦区分周长和面积。有经验的教师其优秀之处往往表现在，她不仅知道学生的问题与困难在哪儿，还知道选择怎样合适的方式去解决这些问题或克服这些困难。面积与周长是学生比较容易混淆的概念，但是对此，如果只是让学生去记诵概念或判断对错，可能并不能很好地改善混淆的状况。张老师在教学中能了解学生真实的思维障碍，将周长与面积进行对比理解，通过活动感知、体验去解决学生"混淆"的困难点。这个环节中，张老师向学生抛出重要问题："（让学生把图形的面在纸上描出边后）图形的面积指的是什么？"基于活动经验积累，学生不再把周长与面积混淆，而是把自己描好边的图形涂满颜色表示它的面积。

第五次问——聚焦图形的封闭性。通过前面的环节，学生对面积已经有了相对完整的认知，但还缺少对"封闭"这一概念的了解。因此，在最后的环节，教师出示不封闭的圆形曲线，问学生："它的面积呢？如果我往这里边涂色的话，会是什么样子？"学生答道："会漏出来。""整个画面都会是红色。"活动中，学生感受到给不封闭的图形涂色时会漏出来，会使整个面甚至更多部分都是红色。教师适时又问："你对面积又有什么新的认识？"学生说图形必须是封闭的才会有面积。这时完成"五问"后，学生对"面积"这个概念已经有了相对完整、严谨的认识。

小学阶段的主要思维方式有很多，其中"抽象"是数学思维方式的核心。概念就是从学生的原有经验、原有的初步认识逐步抽象出数学的形式化定义的过程。在"面积"概念的抽象上，张红老师重视学生数学学习的自然建构过程，设计了层层递进的学习活动，让学生将面积化为自己的概念，并将自己的概念逐步严谨化，这是让学生将已有生活、学习经验向系统的学科知识推动的过程，这个过程让学生对"面积"本质的认识更加深刻、更加丰富。

> 　　哪种方式更容易帮助学生理解三边关系？如果几种不同的活动都能帮助学生理解三角形的三边关系，那哪些活动更适合？好的活动任务是一节课的灵魂，好的活动任务来自教师对学生的了解，对内容本质的把握，对问题的筛选与剖析。是学生给了我们问题的答案，课堂的实践也证明我们找到了一条可以让不同学生有不同发展的路径。

在探索中构建数学理解
——"三角形边的关系"教学思考与实践

一、基于问题的思考

　　"三角形边的关系"是四年级"图形与几何"的内容。该内容是在学生初步认识三角形的基础上，进一步研究三角形的特征，即三角形任意两边的和大于第三边。这一内容的学习可以使学生进一步深化理解三角形的组成特征，从形的方面加深对三角形的认识。北师大版教材内容分为三部分：一是呈现了四组小棒，让学生在摆一摆的过程中，发现哪组小棒可以围成三角形，哪组小棒不能围成三角形。二是把摆一摆的实验数据（小棒的长度）填入表内，为学生发现三角形三边的关系创造条件。三是通过数据的比较发现三角形三边之间的关系。

1．对几个教学问题的反思

（1）哪种方式更容易帮助学生理解三边关系？

　　"三角形三边之间的关系"这一内容，中小学教材中都有。

人教版教材八年级上册内容如下图所示。

下面探究三角形三边之间的大小关系.

探究

任意画一个△ABC，假设一只小虫从点 B 出发，沿三角形的边爬到点 C，它有几条线路可以选择？各条线路的长一样吗？

对于任意一个△ABC，如果把其中任意两个顶点（例如 B，C）看成定点，由"两点的所有连线中，线段最短"可得

$$AB+AC>BC. \qquad ①$$

同理有

$$AC+BC>AB. \qquad ②$$
$$AB+BC>AC. \qquad ③$$

一般地，我们有

三角形两边的和大于第三边.

北师大版教材四年级下册内容如下图所示。

探索与发现 (二) 三角形边的关系

摆一摆 你能用下面的小棒摆成三角形吗？

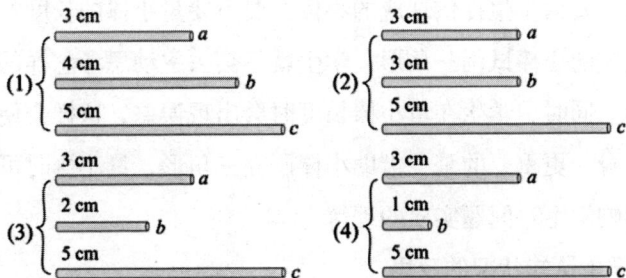

(1) 3 cm *a*　4 cm *b*　5 cm *c*

(2) 3 cm *a*　3 cm *b*　5 cm *c*

(3) 3 cm *a*　2 cm *b*　5 cm *c*

(4) 3 cm *a*　1 cm *b*　5 cm *c*

把实验结果填入表中。

学生理解三角形边的关系，一般有以下几种方法：一是利用欧氏几何中"两点之间线段最短"这一公理；二是用不完全归纳的方法，通过比较任意两边长度之和与第三边长度发现规律；三是通过固定一个端点重合的两边，

观察第三边的变化，或固定一边，观察另外两边的变化，发现三角形任两边之和必须大于第三边。

从教材编排来看，中学阶段重在证明，小学阶段重在直观理解。上面三种方法都可以在小学应用。第一种方法学生凭生活经验就能理解，但从提出问题到得出结论，都需要教师带领，而且到中学还要进一步利用公理证明。第二种方法便于学生操作，但大部分时间学生都要按教师的指令活动，学生自己的思考少。最后学生发现的只是这几组线段的共同特点，对为什么要选取这几组线段，为什么三角形任意两边的和要大于第三边并不能真正理解。也就是说，这样的活动很好地解决了三边关系是什么的问题，但对为什么必须具备这样的关系揭示不足。第三种方法能弥补这一不足，而且研究会促使学生进一步体会三角形的意义，为中学阶段学习积淀更多的活动经验。但它教的痕迹较重。要淡化教的痕迹，让学生由被动变主动，就需要进一步思考从哪儿切入方便学生自己研究。

（2）对理解三角形三边关系来说，围成的和围不成的，谁的价值更大？

我认为，要理解三角形三边关系，围不成的现象会带给学生更多的启发。学生把什么情况下会围不成研究透了，再把围不成的情况排除，对什么样的情况能围成就很好理解了。

（3）要不要给学生提供现成的小棒？要不要量小棒的长度？

提供现成的小棒试围三角形，学生就不会去主动思考怎样的三根小棒围不成三角形。同时，学生在量小棒长度时会出现误差，这样会使他们更多地关注数据本身。更重要的是，借助小棒研究三角形，量小棒时可能带来的较大误差会影响学生对问题实质的理解。

2. 对学生认知状况的反思

学生能用上面提到的第三种方法自己探索并发现三角形的三边关系吗？要回答这一问题，必须先了解学生前期对三角形边的关系有哪些认知基础。

我对清华附小四年级一个班的 38 名学生进行了问卷调查，发现有 12 名学生知道三边关系，但多数表述不清或表述错误，只有 4 名学生是真正理解的。

在此基础上，我从这个班选了 6 名学生（2 名成绩较优秀的，2 名成绩中等的，2 名成绩有待提高的）做进一步的观察与访谈。问题如下：

老师给每人发两根吸管（长度随机），请你再从自己准备的吸管中裁一根，使这三根吸管首尾相接围成三角形。随便裁你自己的那根行不行？你是怎么想的？（提示：可以摆小棒或者画图研究。）

6 名学生均用 10 分钟左右的时间完成了任务。

生 1 回答如下图所示。

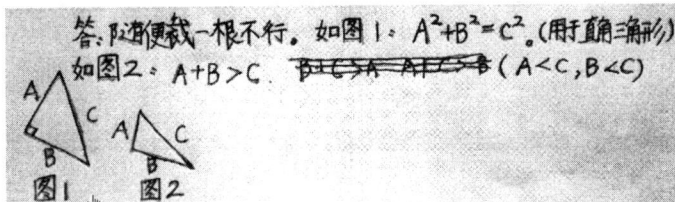

我追问为什么必须满足这样的条件，生 1 又画了一组图：

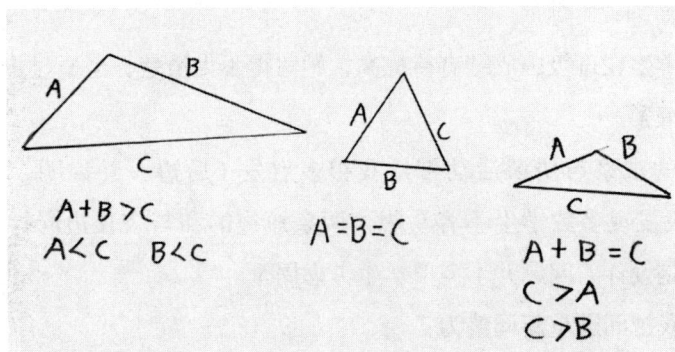

很明显，生 1 知道结论，而且一直在用结论解释结论，但并不明白道理。同时她认为，三角形两边的和等于第三边也能围成三角形。

生 2 回答如下图所示。

生 2 发现了一种围不成的情况，另外 2 名学生经过长时间思考也得出了跟他同样的结论。在观察中我们发现，学生原来并没关注到问题的本质，通过试围小棒，改变了原来的想法。

生 3 写得很乱，原话如下：

随便裁的时候要有一定的要求，如果说用两根长的和一根短的就可以成一个三角形。如果说每三根不一样长的管子也可以成一个三角形。

他意识到不是任意三根小棒都能围成三角形，但没有找到解决问题的关键。

生 4 回答如下图所示。

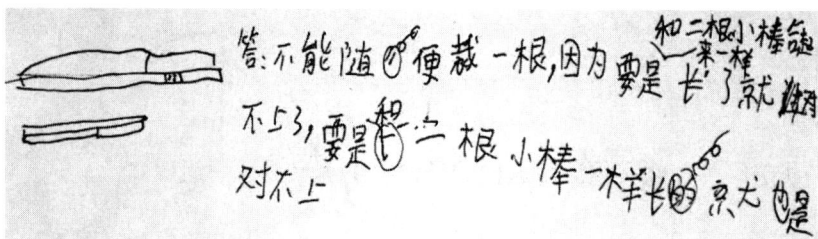

这名学生在班级内成绩有待提高，她写得不太清楚，但通过追问，发现她是真理解了。

前面的观察与访谈活动带给我很多启发（后边一并说明，此处先略谈），但我发现多数学生不容易想到两条短边的和与较长边同样长这一情况，主要是设计的问题并不需要学生考虑周全。

于是我把问题重新调整为：

请你把一根吸管剪成三段，使这三段围不成一个三角形。思考围不成的原因是什么。如果要改变最长的吸管的长度，使它们能围成三角形，最长要多长？最短呢？

如果在剪吸管的活动中学生想不到同样长的情况，后边在研究最长要多长、最短要多短时也会自然面临同样长怎么办的问题。对这一问题学生能否自己研究呢？

我又选了班内 3 名学生（生 1：成绩较优秀，在学奥数。生 2：成绩较优秀，没有学过奥数。生 3：成绩有待提高）做二次观察。观察情况小结如下：

生 1 已经知道结论，也知道结论是怎么来的，通过拼摆观察，他又有了一些新的发现，比如他谈到只要两条短边相加比第三条边长就行了，不长的话就没有高了。最长要这两边之和稍大于第三边，最短要小于这两边之差。

生 2 是不知道结论的，她从遇到困难到解决问题，自始至终对一根吸管不断地拼摆、思考，最终找到结论。

生 3 在摆吸管约 5 分钟后发现边的长短与角度有关系：最长长到那两根（指较短的两根小棒）（张到）最大角度就行了（指比 180 度小一点），因为（这个角对着的边的）两个端点离得最长（远）；最短短到最小角度，因为角度越小空隙越小，（对着的边）就短些。

以上调研说明，学生是可以自己研究的，而且研究会使不同层次的学生有不同的发展：它可以很好地帮助中等和中等程度以下的学生理解学习内容。对只是知道结论的学生，可以通过操作促使其达到真理解；对已经掌握了这部分内容的学生，可以使他们进一步思考与此相关的更多的问题。同时，活动对发展学生的空间观念非常有帮助，也会促使学生更多地用联系、变化的眼光来看问题：角的变化会带来边的变化，它们是互相影响的，而不是研究边的话眼里就只有边。

基于以上思考，我制定了下面的学生学习目标：

①结合操作活动，经历三角形三边关系的探索过程，体会三边之间的数量关系决定三边关系，知道三角形任意两条边的和大于第三边。提高观察、操作、推理能力。

②经历活动中问题提出与解决的过程，发展空间观念。

二、基于问题的教学过程

活动一　探讨任意三条线段能否围成一个三角形

课始，教师在大屏幕上出示 6 个图形（见下页图），让学生判断哪些是三角形，哪些不是三角形，并说明自己的想法。

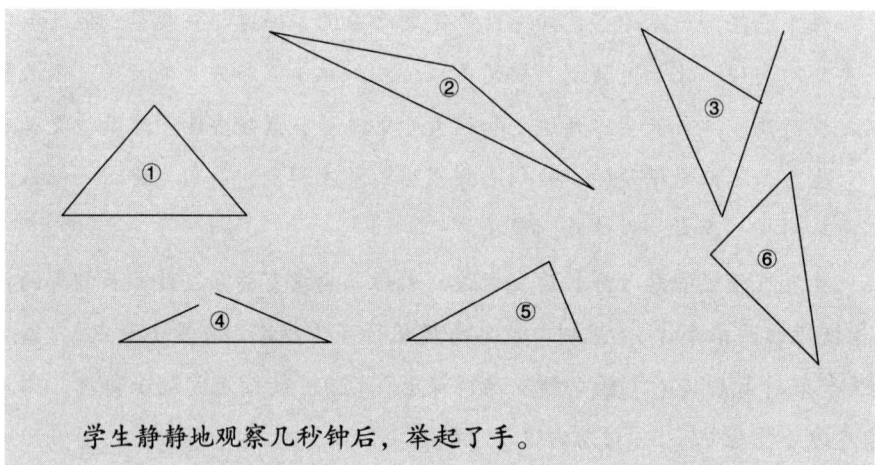

学生静静地观察几秒钟后，举起了手。

生 1 ▶ 第①、②、⑤、⑥个图形是三角形。

师 ▶ 为什么第③和第④个就不是三角形呢？

生 2 ▶ 第④个有一块没有接上。第③个有一块被分出来了。

师 ▶ 能明白她的话吗？

生 ▶ 明白。（教师点击鼠标，第③和第④个图形随之消失）。

师 ▶ 三角形是由三条线段围成的图形。想一想，是不是三条线段一定能围成一个三角形呢？（话音刚落，马上就有人举手，教师没有马上请学生回答，而是静静地等待更多的学生有了自己的思考后才示意学生回答。）

生 3 ▶ 我认为不一定，因为有的时候线条有长有短，长的要是和短的拼不起来就完了。

师 ▶ 我明白你的意思了，如果我们能找到围不成的情况，就说明三条线段不一定都能围成一个三角形。

　　生 3 心里明白但说不清楚，这时学生还没有经历操作的过程，因此也不需要学生一定讲得明明白白，而且在这里解释太多对其他学生会有暗示作用。

师 ▶ 现在给大家一个任务，咱们看能不能找到这样的三角形。每个人桌上都有一根吸管，你先想象一下，怎么剪就可能围不成，然后试着剪一剪，围一围。

学生开始剪、围……

师 ▶ 真有围不成的呀！现在这样，同学之间帮帮忙，让我们都找到围不成的情况。

学生继续活动……

师 ▶ 现在，我们请几个同学来展示一下。（生1展示见下图。）

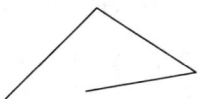

生2 ▶ 不同意，我觉得稍微动一动就可以围成。

师 ▶（对生1）你再摆摆看。（生1围成了一个三角形。）

师 ▶ 还真围成了！掌声感谢这两位同学的合作。刚才这位同学（指生2）提醒大家，你怎么围也围不成的时候才说明是真的围不成。

生3把吸管剪成了5段，摆成下面的图形。

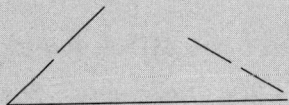

下边有很多反对的声音，他听完马上把上边的两根吸管放到下边。（见下页图）

师 ▶（指生3）请你通过动作让大家相信它怎么着都围不成。（吸管滚来滚去，学生不好操作。）

师 ▶ 你用老师的工具试试好吗？

生3 ▶（在黑板上演示，见下图。）

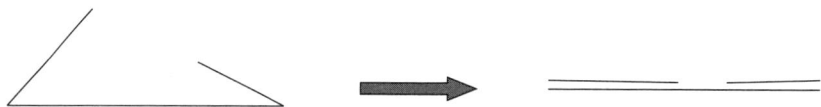

（指 ▬▬▬▬ ）最小的都围不成，（指 ╱　╲ ）越来越往大（角度）走肯定就更围不成了。

生4 ▶ 我还知道一个怎么都围不成的方法，比如说先剪一条比较长的边，再剪两条长度合起来都没有它长的边，这样无论怎么拼也拼不成。

师 ▶ 真棒，现在我们找到了这样一种从两边围都围不成的情况。还有从两边围的吗？（有学生示意。）

师 ▶ 这样，你来前边给大家展示一下。你也做个动作，让大家相信怎么也围不成。（学生演示。）

师 ▶ 只要我们找到了一种围不成的情况，我们就可以下结论：任意的三条线段不一定能围成一个三角形。

┌─ **活动二　探索三条线段围成一个三角形需要满足的条件** ─┐

师 ▶ 现在，我想请大家改变这条最长边的长度，然后和原来两条边合在一起，围成一个三角形，你有办法吗？（见下图）

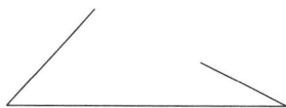

生1 ▶ 可以把最长边的长度剪成比那两条（指两条短边）的长度之和短。

师 ▶ 哦，看来不能随便剪。那最长剪到什么程度，最短剪到什么程度能围成呢？请你静静地想想，有没有办法找到答案。（学生独立活动。）

师 ▶ 有的同学找到答案了，还有一些同学有困难，有困难大家帮，四人一组商量一下，好不好？（学生小组活动。）

师 ▶ 谁想和大家分享一下你们的研究成果？

生2和生3展示见下图。

＝＝＝＝＝＝＝

师 ▶ 他们的意见是最长这么长，同意吗？（有学生同意，有学生反对。）

生4 ▶ 我觉得最长的时候应该是这两条短边的夹角达到179度的时候。否则它就不是一个三角形了。

这个学生心里是明白的，他用179度表达比180度小，还要特别接近180度。

生5 ▶ 如果相等的话，这个角是180度，这两个角就是0度了，内角和还是180度。所以我觉得这时是最长的了。（见下图）

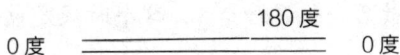

180度
0度 ＝＝＝＝＝＝＝ 0度

师 ▶ 谁还有不同意见？

生6 ▶ （指 ＝＝＝＝＝＝＝ ）把它（指下面的长边）剪下1毫米或1纳米就能组成一个三角形了。

师 ▶ 他是说最长的边比那两条边要短那么一点点，不管是 1 毫米还是比 1 毫米小，反正是要短那么一点点。

师 ▶ 长边是要和它们（指两短边）一样长呢，还是要短一点点？给 1 分钟时间，请各组讨论一下。

生7 ▶ 因为三角形肯定都是三条线段组成的，两条短的拼在一起的话，（和长边算在一起）只是两条线段。两条线段不可能拼成一个三角形呀。

师 ▶ 数学上真正的重合是什么样的呢？请大家看屏幕。（课件演示画图，见下图。）

_____

师 ▶ 上面两短边和底下的长边都重合在一起，你根本看不到下面这条长边，三角形是不在一条直线上的三条线段围成的。如果想让它们不在一条直线上，怎么办呢？

生 ▶ 往上动那么一点儿。

师 ▶ 那最长的边究竟可以多长呢？

生8 ▶ 比（现在）最长的边短一点点。

师 ▶ 还可以怎么说？

生8 ▶ 比两条短边（和）短一点点。

师 ▶ 现在我们研究第二个问题：最短到什么程度？

生9 ▶ （和生10合作）我们觉得最短应该短到这两条边的夹角是 1 度的时候。这个时候是最短的情况。

生10 ▶ 我补充一下，应该短到（夹角度数是）0.1、0.01，无限循环下去，最后一位再加个 1，这个时候是最短的。

在这里，学生的表达是否一定规范就显得不那么重要了，重要的是他们是不是真正理解了。

师 ▶ 比 0 度要大一点儿，是吗？（课件演示两短边合在一起上

移，角度由大变小，对应的边也由长变短，直到这两条边
重合在一起，边演示边讲解，见下图。)

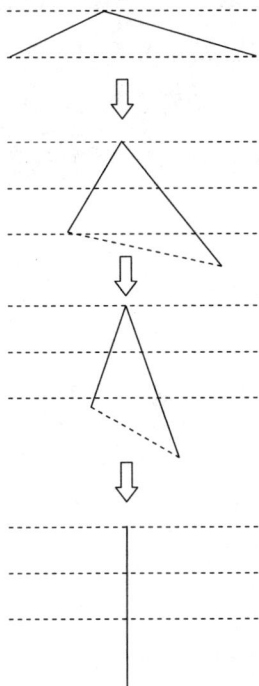

师 ▶ 如果三条线段围成一个三角形，需要满足什么条件?

生 11 ▶ 三角形肯定要有三条边，其中要有两条边比另一条边长。
要是相等的话就跟刚才一样了(指黑板上相等的情况)。大
家同意我的意见吗?

生 12 ▶ 我补充一下，应该是"两条边的和"。

生 13 ▶ 两条短边加起来的和一定要比长边短。

生 14 ▶ 你刚才说的不对，两条短边加起来的和一定要比长边长，
短的时候是围不成的。

生 15 ▶ (指生 13)你刚才说得太啰唆了，两短边之和大于最长边。

生 16 ▶ 两边之差必须小于第三边。

······

在学生七嘴八舌的描述中，学生对于三角形边的关系逐渐清晰起来。根据学生的描述，教师请生11、生15、生16把自己的观点记录下来，让学生结合一些问题再次体会三角形边的关系。同时，也结合生活实际应用这一知识，让学生进一步感受数学的价值。因为学生讨论用的时间太长，所以把帮助学生理解"三角形任意两边之和大于第三边"放到下节课学习……

💡 专家点评

精心思考—精细研究—精致操作

中国教育科学研究院　李铁安

　　评价一节小学数学优质课的核心标准，是看其在教学中是否真正有效地体现和实现了课程目标。而保证课程目标的体现与实现的重要维度至少有三个：是否符合数学的内在逻辑；是否遵循学生的认知规律；是否有效地组织和调控学生的数学思维。

　　比如"三角形边的关系"的教学旨在让学生在实物操作、自主探究、合作交流的过程中，通过经历实验、归纳、发现、验证等数学的再创造活动历程，理解和掌握三角形两边之和大于第三边这一数学规律。

　　那么在"三角形边的关系"的教学中，如何真正有效地体现和实现这个目标？张红老师的思考与实践当是一个优秀案例。

1. 纯正的数学味道：对数学内在逻辑的精心思考

　　如何让学生通过探究，发现三角形三边关系的内在规律？这是本节课教学设计的立足点。符合数学知识形成特征和学生认知特征的做法是采取实验与归纳的方法。即，通过比较任意两边长度之和与第三边长度之间的大小关系，归纳发现两边之和大于第三边这一规律。如何让学生在比较中发现规律？有效的做法是借助实物操作、试误进而让学生有意识地关注三角形三边的关系。那么又如何让学生操作和试误？可以让学生借助小棒围三角形，通过固定一个端点重合的两边，观察第三边的变化，或固定一边，观察另外两边的变化。

　　教学的逻辑应遵循学生认知的逻辑，为此，本节课教学的逻辑过程应是首先让学生操作和试误，通过操作和试误，让学生有意识地建立起三角形三边之间的数量关系，根据三角形三边之间的数量关系，归纳发现两边之和大于第三边这一规律。

　　本节课最显教学功力的一点是对数学内在逻辑的精心思考：本节课选

择的是通过固定一个端点重合的两边，观察第三边的变化，或固定一边，观察另外两边的变化。显见，这正是立足于数学知识形成的本质，深刻挖掘学生学习三角形三边关系的认知规律，准确地把握了数学教学的内在逻辑。这样的处理可以让学生更好地认识三角形三边关系的数学本质。（见下图）

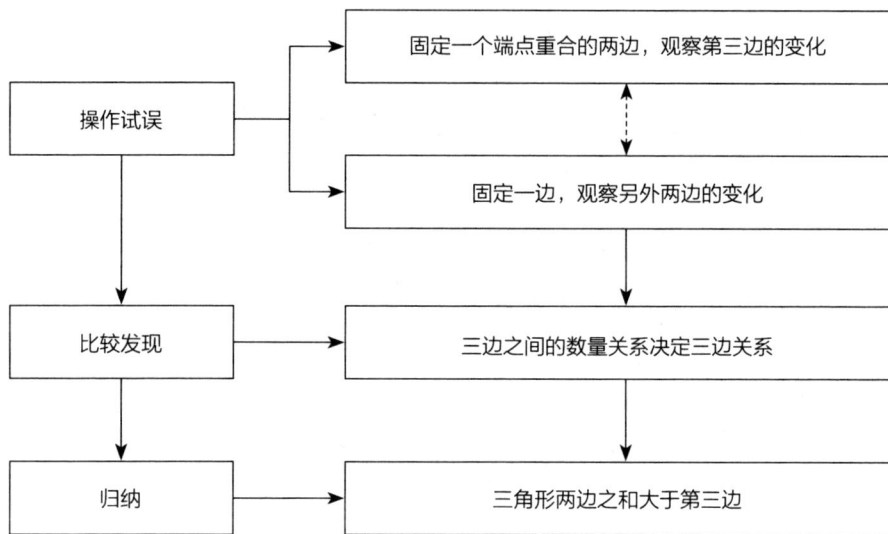

```
┌──────────┐        ┌─────────────────────────────────┐
│          │───────▶│ 固定一个端点重合的两边，观察第三边的变化 │
│  操作试误  │        └─────────────────────────────────┘
│          │                        ↕
│          │───────▶┌─────────────────────────────────┐
└──────────┘        │   固定一边，观察另外两边的变化        │
                    └─────────────────────────────────┘
                                     │
┌──────────┐        ┌─────────────────────────────────┐
│  比较发现  │───────▶│   三边之间的数量关系决定三边关系      │
└──────────┘        └─────────────────────────────────┘
     │
┌──────────┐        ┌─────────────────────────────────┐
│   归纳    │───────▶│    三角形两边之和大于第三边          │
└──────────┘        └─────────────────────────────────┘
```

本节课选择了以"对理解三角形三边关系，围成的和围不成的，谁的价值更大"为教学实施的切入点，这是深刻而精心的思考。要真正理解三角形三边关系，围不成的现象会带给学生更多的启发。学生把什么情况下会围不成研究透了，再把围不成的情况排除，对怎样的情况能围成就很好理解了。事实上，对于一个数学概念或原理的理解，通过反例是一种有效的途径；更重要的是，学生在认识围不成的情况的过程中，思维可以自然迁移到围不成背后的数量关系上。因而，这样的处理可以让学生有意识地建立起三角形三边之间的数量关系，为归纳发现两边之和大于第三边这一规律奠定了基础。

本节课的一大亮点是，充分关注到教具的选择使用对促进学生数学思维发展的影响。用小棒围三角形是有学问的。要不要给学生提供现成的小棒？

要不要量小棒的长度？正如本节课所定位的：

> 提供现成的小棒试围三角形，学生就不会去主动思考怎样的三根小棒围不成三角形。同时，学生在量小棒长度时会出现误差，这样会使他们更多地关注数据本身。更重要的是，借助小棒研究三角形，量小棒时可能带来的较大误差会影响学生对问题实质的理解。

这两点看似小问题，却直接关系到学生能否更好地建立起三角形三边之间的数量关系，而这恰恰是本节课的核心。最后选择提供一根小棒（吸管）让学生自己去裁，这对于调控学生思维可谓收放自如，既为学生搭建了思维的最近发展区，又为学生充分探究提供了平台，使教学活动的内在过程统一而富于张力。

更为重要的是，由于本节课的教学设计充分关注到了课程本身所反映的数学的内在逻辑，因此，在本节课挖掘和体现了丰富的数学思想方法，如转化的思想、归纳的思想、演绎的思想、无限的思想等，而且，本节课对数学思想方法的渗透贯穿于教学实施的各个环节（后面会提及）。这使得本节课具有高比重的数学含量和纯正的数学味道，这一点在当下小学数学教学要注重数学本质的强烈呼唤下显得弥足珍贵。

2．规范的研究色彩：对学生认知结构的精细调研

学生已有的经验和认知基础以及学生认知发展的可能性对于教学设计与实施，尤其对于能否真正有效地体现和实现课程目标至关重要。考虑到本节课先期的教学决策，即教学设计的立足点和教学实施的切入点，那么对以下几个问题进行调研是必要的：

①学生是否已经了解三角形的三边关系？

②如果学生不了解（或不清楚）三角形的三边关系，能自己探索并发现三角形的三边关系吗？

③如果给学生准备两根吸管（长度随机），让学生自己再从自己准备的吸管中裁一根，使这三根吸管首尾相接围成三角形，对自己的那根随便裁行不行？学生是怎么想的？

④如果给学生一根吸管，让其剪成三段，使这三段围不成一个三角形，

那么学生是否知道围不成的原因是什么？如果要改变最长的吸管的长度，使它们能围成三角形，学生能否判断最长要多长？最短要多长？

显然，本节课恰恰是用观察、问卷、访谈、深度访谈、文本分析等调研方法，对以上问题提前进行了精细的调研分析。这对于完整准确地了解学生已有的经验和认知基础及认知发展的可能性来说，是规范而有效的。

3. 合理的课堂调控：对学生探究活动的精致组织

对这节课学生探究活动的设计和组织也是非常精致的。整节课一直以学生积极主动探究为主线，而其中教师的主导地位也得到恰当体现。

在探讨任意三条线段能否围成一个三角形的环节，开始时教师出示了 6 个图形，让学生判断哪些是三角形，哪些不是三角形，并说明自己的想法。

在学生充分讨论交流后，教师提出："三角形是由三条线段围成的图形。想一想，是不是三条线段一定能围成一个三角形呢？"这样的设计有助于激发学生的问题意识和探究欲望。而当学生想举手作答时，教师没有马上请孩子回答，而是静静地等待更多的学生有了自己的思考后才示意学生回答。这样的组织调控又有助于学生对提出的问题做更充分而有意义的思考。教师是在期待学生自己提出不是给三条线段就一定能围成三角形这个判断并能理解其中的原因。当学生提出后，教师又立刻让学生尝试。这样的设计和组织可以使学生在清晰的目标和思路下去有效地探究。而事实上，在后面的探究活动中，教师和学生共同根据学生探究的结果所做的结论也隐含着对归纳的数学思想方法的渗透。也就是说，这样的探究不是空洞的、形式化的，而是有数学思维蕴含其中的。

另外，关于任意三条线段能否围成一个三角形，教师在教学的关键环节依次交代了三句话：

- （三角形是由三条线段围成的图形。）想一想，是不是三条线段一定能围成一个三角形呢？
- 如果我们能找到围不成的情况，就说明三条线段不一定都能围成一个三角形。
- 只要我们找到了一种围不成的情况，我们就可以下结论：任意的三条线段不一定能围成一个三角形。

这三句话对于学生分析任意三条线段能否围成一个三角形，促进学生的思维发展是非常有力的。

在探索三条线段围成一个三角形需要满足的条件的环节，教师启发引导学生剪吸管时要考虑剪成的长度后，让学生分组活动。活动过程中既有集中的主题，也有开放的环境，既有小组内的合作，也有小组间的交流，从而使小组活动有组织有秩序地进行，而且活动过程始终有教师的启发、引导和调控，比如：

- 长边是要和它们（指两短边）一样长呢，还是要短一点点？给1分钟时间，请各组讨论一下。
- 数学上真正的重合是什么样的呢？
- 上面两短边和底下的长边都重合在一起，你根本看不到下面这条长边，三角形是不在一条直线上的三条线段围成的。如果想让它们不在一条直线上，怎么办呢？
- 那最长的边究竟可以多长呢？
- 比0度要大一点儿，是吗？
- 如果三条线段围成一个三角形，需要满足什么条件？

从教学所反映的活动进程看，教师的这些启发引导和调控，都是恰当而必要的，这正是保证小组合作交流质量和效果的关键。

更重要的是，学生在获得一系列关于三条线段围成一个三角形需要满足的情况的过程，也是教师引导学生体会无限思想的过程。实际上，在这一过程中，学生对围成一个三角形所满足的三边之间长度的数量关系得到了清晰的认识，这一环节，也使有效地解决本节课的重点和难点变得水到渠成。当教师最后提出"如果三条线段围成一个三角形，需要满足什么条件？"，教学的最高潮出现了：学生带着积极的思维和自信的情绪，归纳出三角形三边之间长度的数量关系。

这一节"三角形边的关系"的设计与实践，突出体现了新课程的基本理念，并具有较丰富的数学含量；同时，从艺术性视角审视教学实施的各个环节，也很富于节奏感。总之，这是一节具有创新性的难得的优质课。

反复通读张红老师关于"三角形边的关系"教学思考与实践的文稿，不难发现，诸如对小学教材和初中教材相关内容的对比分析、对学生学习之前的调研等，都表现了一个小学数学特级教师对教学实践的一种理性态度和科学范式，这当为广大小学数学教师学习借鉴。教师要成为课程实践的研究者，这既是促进教师专业成长的需要，也是保证课程有效实施的需要。以一个研究者的角色去面对复杂的小学数学教学，是"做"好每一节优质课的重要保证，也是小学数学教师实现自身成长、更有效实施新课程的一个高位追求！

后记

《看见问题：数学可以这样教》终于和大家见面了。

作为一名从教三十多年的小学数学教师，我的心里涌起母亲般的欣喜和欣慰，感恩它的呱呱落地，也期待它"如它自己"。

作为一名数学"迷"，我越来越深切地感受到数学的思维方式对自己潜移默化的"滋养"。作为一名教育者，我也越来越深切地体会到数学对培养学生的理性思维、科学精神和促进智力发展等方面的重要意义。在实践中，我执着于这样的探索：如何让数学的观察方式、思考方式、研究方法、理性精神，被小学生喜欢、理解并内化于心、融入血脉，进而形成素养？实践证明，最重要的是要"看见"学生是怎么思考问题的，"看见"他们在学习中的困难和困惑是什么。基于学生的疑问，循着学生的思路去设计和组织教学，更容易让学生喜欢，深度学习也更容易真正发生。

为此，我带领团队以"基于问题的有效教学实践研究"作为课题，进行了十多年的教学实践，并梳理出了相关学习策略。具体做法是：抓住"三点一链"开展"看见问题"的学习。"三点"是指学生学习的起始点、学生认知的障碍点和学生发展的提升点，"一链"是能够引发学生持续深度学习的"问题链"。课堂的开展过程以学生的问题为起点，以学科的问题为基础，以教师的问题为引导。通过系列问题的解决，实现知识的整体建构、学习的有效迁移与能力的逐步提升。

在本书完成之际，我要特别感谢山东省淄博师范高等专科学校附属小学、清华大学附属小学、北京市海淀区教师进修学校、清华大学附属中学上地小学的领导、老师们对我的培养和帮助，感谢团队老师们的努力与包容，感谢大家在"看见问题"的路上，携手同行，共享研究的快乐和幸福！感谢我的学生们，在"看见问题"的路上，默默陪伴，交付他们的信赖与贴心，他们是我灵感的源泉！

感谢孙晓天老师为我作序，孙老师是我国课程教材方面的大家，他对数学教育的深刻见解对我有着深远的影响。

感谢我的领导王殿军校长的推荐，作为当代教育家，他举重若轻，是我成长路上的引路人。

感谢教育科学出版社编辑郑莉老师，她的敬业、专业给我留下了非常深刻的印象。在成书的过程中，郑老师提出了诸多有益的建设性意见，包括整个书稿的表达方式、书名、目录等等，都倾注了她的智慧和心血。

感谢孙晓天、刘加霞、张丹、曹一鸣、李铁安老师的点评，他们的视角丰富了我对所教内容的认知。

感谢北京市海淀区七一小学朱凤书副校长，育英学校王小英主任，翠微小学赵蓬莱主任和刘莲、张禹老师，上地实验小学吴金华主任，中国人民大学附属中学实验小学史优仪老师，万泉小学胡益红主任、苏占老师，清华大学附属小学王丽星书记和姜国明、刘鸿、李丽娜、董彦、吴雪莲老师，清华大学附属中学上地小学王向征、李学志、岳立梅主任和施刘霞、李想妍老师，中关村第二小学方莉萍、慈艳老师，中关村第三小学杨丽君老师，他们在案例教学、调研、文稿审读等不同方面都做出了贡献。

愿以此书与您共勉！

张红

出版人　李　东
责任编辑　郑　莉
版式设计　锋尚设计　郝晓红
责任校对　白　媛
责任印制　叶小峰

图书在版编目（CIP）数据

看见问题：数学可以这样教 / 张红著. —北京：教育
科学出版社，2021.9（2024.3 重印）
　ISBN 978-7-5191-2781-7

　Ⅰ.①看…　Ⅱ.①张…　Ⅲ.①小学数学课—教学研究
Ⅳ.① G623.502

　中国版本图书馆 CIP 数据核字（2021）第 192417 号

看见问题：数学可以这样教

KANJIAN WENTI: SHUXUE KEYI ZHEYANG JIAO

出版发行	教育科学出版社				
社　　址	北京·朝阳区安慧北里安园甲 9 号		邮　　编	100101	
总编室电话	010-64981290		编辑部电话	010-64981269	
出版部电话	010-64989487		市场部电话	010-64989009	
传　　真	010-64891796		网　　址	http://www.esph.com.cn	
经　　销	各地新华书店				
制　　作	北京锋尚制版有限公司				
印　　刷	保定市中画美凯印刷有限公司				
开　　本	720 毫米 ×1020 毫米　1/16		版　　次	2021 年 9 月第 1 版	
印　　张	15.75		印　　次	2024 年 3 月第 3 次印刷	
字　　数	228 千		定　　价	49.80 元	